三峡库区可持续发展研究丛书

"三峡库区百万移民安稳致富国家战略"服务国家特殊需求博士人才培养项目 中央财政支持地方高校发展专项"特殊需求博士项目引领下的应用经济学创新工程" （渝财教〔2013〕227号） 国家社会科学基金项目"长江经济带商贸流通协调发展研究"(15BJY110)	共同资助

三峡库区城乡商贸统筹研究
——以"万开云"板块为例

曾庆均　孙　畅　张　驰　著

科学出版社

北　京

图书在版编目（CIP）数据

三峡库区城乡商贸统筹研究：以"万开云"板块为例 / 曾庆均，孙畅，张驰著. —北京：科学出版社，2017.7
（三峡库区可持续发展研究丛书）
ISBN 978-7-03-053748-5

I. ①三… II. ①曾… ②孙… ③张… III. ①城乡建设-商业经济-研究-重庆 IV. ①F299.277.19 ②F727.719

中国版本图书馆 CIP 数据核字（2017）第 138758 号

责任编辑：杨婵娟　李嘉佳 / 责任校对：何艳萍
责任印制：张欣秀 / 封面设计：铭轩堂
编辑部电话：010-64035853
E-mail：houjunlin@mail.sciencep.com

科学出版社 出版
北京东黄城根北街 16 号
邮政编码：100717
http://www.sciencep.com

北京建宏印刷有限公司 印刷
科学出版社发行　各地新华书店经销

*

2017 年 7 月第　一　版　开本：B5（720×1000）
2017 年 7 月第一次印刷　印张：10 1/2
字数：183 000

定价：58.00 元
（如有印装质量问题，我社负责调换）

重庆工商大学"三峡库区百万移民安稳致富国家战略"服务国家特殊需求博士人才培养项目实施指导委员会

主 任 委 员：
  孙芳城（重庆工商大学校长、教授）

副主任委员：
  刘　卡（国务院三峡工程建设委员会办公室经济技术合作司司长）
  袁　卫（国务院学位委员会学科评议组专家、中国人民大学教授）
  彭　亮（重庆市移民局副局长）

委　　员：
  陶景良（国务院三峡工程建设委员会办公室教授级高级工程师）
  袁　烨（国务院三峡工程建设委员会办公室经济技术合作司处长）
  徐俊新（中国长江三峡集团公司办公厅主任）
  余棋林（重庆市移民局移民发展扶持处处长）
  杨继瑞（重庆工商大学教授）
  王崇举（重庆工商大学教授）
  何勇平（重庆工商大学副校长、教授）
  廖元和（重庆工商大学教授）
  文传浩（重庆工商大学教授）
  余兴厚（重庆工商大学教授）

项目办公室主任：余兴厚（重庆工商大学教授）
项目办公室副主任：文传浩（重庆工商大学教授）
       任　毅（重庆工商大学副教授）

重庆工商大学"三峡库区百万移民安稳致富国家战略"服务国家特殊需求博士人才培养项目专家委员会

主 任 委 员：

  王崇举（重庆工商大学教授）

副主任委员：

  陶景良（国务院三峡工程建设委员会办公室教授级高级工程师）

  黄志亮（重庆工商大学教授）

委 　 　 员：

  戴思锐（西南大学教授）

  向书坚（中南财经政法大学教授）

  余棋林（重庆市移民局移民发展扶持处处长）

  廖元和（重庆工商大学教授）

  文传浩（重庆工商大学教授）

培养办公室主任：文传浩（重庆工商大学教授）

培养办公室副主任：杨文举（重庆工商大学教授）

"三峡库区可持续发展研究丛书"编委会

顾　　问：王崇举　汪同三　杨继瑞
主　　编：孙芳城
副 主 编：文传浩　杨文举
委　　员：杨云彦　宋小川　张宗益　陈泽明
　　　　　陈新力　郝寿义　荆林波　段　钢
　　　　　左学金　史晋川　刘　灿　齐建国
　　　　　廖元和　魏后凯

丛书序

三峡工程是世界上规模最大的水电工程，也是中国有史以来建设的最大的工程项目。三峡工程1992年获得全国人民代表大会批准建设，1994年正式动工兴建，2003年6月1日下午开始蓄水发电，2009年全部完工，2012年7月4日已成为全世界最大的水力发电站和清洁能源生产基地。三峡工程的主要功能是防汛、航运和发电，工程建成至今，它在这三个方面所发挥的巨大作用和获得的效益有目共睹。

毋庸置疑，三峡工程从开始筹建的那一刻起，便引发了移民搬迁、环境保护等一系列事关可持续发展的问题，始终与巨大的争议相伴。三峡工程的最终成败，可能不在于它业已取得的防洪、发电和利航等不可否认的巨大成效，而将取决于库区百万移民是否能安稳致富？库区的生态涵养是否能确保浩大的库区永远会有碧水青山？库区内经济社会发展与环境保护之间的矛盾能否有效解决？

持续18年的三峡工程大移民，涉及重庆、湖北两地20多个区县的139万余人，其中16万多人离乡背土，远赴十几个省市重新安家。三峡移民工作的复杂性和困难性不只在于涉及近140万移民20多个区县，还与移民安置政策、三峡库区环境保护、产业发展等问题紧密相关，细究起来有三点。

一是三峡库区经济社会发展相对落后，且各种移民安置政策较为保守。受长期论证三峡工程何时建设、建设的规模和工程的影响，新中国成立后的几十年内国家在三峡库区没有大的基础设施建设和大型工业企业投资，三峡库区的经济社会发展不仅在全国，即使在西部也处在相对落后的水平。以重庆库区为例，1992年，库区人均地区生产总值仅992元，三次产业结构为42.3∶34.5∶23.2，农业占比最高，财政收入仅9.67亿元[①]。而1993年开始的

[①] 参见重庆市移民局2012年8月发布的《三峡工程重庆库区移民工作阶段性总结研究》。

移民工作，执行的是"原规模、原标准或者恢复原功能"（简称"三原"）的补偿及复建政策，1999 年制定并实施了"两个调整"，农村移民从单纯就地后靠安置调整为部分外迁出库区安置，工矿企业则从单纯的搬迁复建调整为结构调整，相当部分关停并转，仅库区 1632 家搬迁企业就规划关破 1102 家，占总数的 67.5%[①]。这样的移民安置政策给移民的安稳致富工作提出了严峻的挑战。

二是三峡百万移民工程波及面远远超过百万移民本身，是一项区域性、系统性的宏大工程。我们通常所指的三峡库区移民工作，着重考虑的是淹没区 175 米水位以下，所涉及的湖北省夷陵、秭归、兴山、巴东，重庆市的巫溪、巫山、奉节、云阳、万州、开县、忠县、石柱、丰都、涪陵、武隆、长寿、渝北、巴南、重庆市区、江津等 20 多个区县的 277 个乡（镇）、1680 个村、6301 个组的农村需搬迁居民，以及两座城市、11 个县城、116 个集镇需要全部或部分重建所涉及的需要动迁的城镇居民。而事实上，受到三峡工程影响的不仅仅是这 20 多个区县中需要搬迁和安置的近 140 万居民，还应该包含上述区县、乡镇、村组中的全部城乡居民，甚至包括毗邻这些区县、受流域生态波及的库区的其他区县的居民，这里实际涉及了一个较为广义的移民概念。真正要在库区提振民生福祉、实现移民安稳致富，必须把三峡库区和准库区、百万移民和全体居民的工作都做好。

三是三峡库区百万移民的安稳致富，既要兼顾移民的就业和发展，做好三峡库区产业发展，又要落实好库区的生态涵养和环境保护。三峡库区农民人均耕地只有 1.1 亩[②]，低于全国人均 1.4 亩的水平，而且其中 1/3 左右的耕地处于 25 度左右的斜坡上，土质较差，移民安置只能按人均 0.8 亩考虑。整个库区的河谷平坝仅占总面积的 4.3%，丘陵占 21.7%，山地占 74%。三峡库区是古滑坡、坍塌和岩崩多发区，仅在三峡工程实施过程中，就规划治理了崩滑体 617 处。在这样的条件下，我们不仅要转移、安置好库区的百万移民，还必须保护好三峡 660 余公里长的库区的青山绿水。如何同时保证库区的百万移民安稳致富、库区的生态涵养和环境保护是一项十分艰巨的工作。

国家对三峡库区的可持续发展问题一直高度关注。对于移民工作，国家就提出"开发性移民"的思路，强调移民工作的标准是"搬得出、稳得住、逐步能致富"。在 20 世纪 90 年代，国家财力相对薄，当时全国，尤其是中西部地

---

① 梁福庆.2011.三峡工程移民问题研究.武汉：华中科技大学出版社.

② 1 亩≈666.7 平方米.

区的经济社会发展水平也不高,因此对移民工作实行了"三原"原则下较低的搬迁补助标准。但就在 2001 年国务院颁发的《长江三峡工程建设移民条例》这个移民政策大纲中,就提出了移民安置"采取前期补偿、补助与后期扶持相结合"的原则。在此之前的 1992 年,国务院还颁发了《关于开展对三峡工程库区移民工作对口支援的通知》(国办发〔1992〕14 号),具体安排了东中部各省市对库区各区县的对口支援任务,这项工作,由于有国务院三峡工程建设委员会办公室(简称国务院三峡办)的存在,至今仍在大力推进和持续。2011 年5 月,国务院常务会议审议批准了《三峡后续工作规划》(简称《规划》),这是在特定时期、针对特定目标、解决特定问题的一项综合规划。《规划》锁定在2020 年之前必须解决的六大重点问题之首,是移民安稳致富和促进库区经济社会发展。其主要目标是,到 2020 年,移民生活水平达到重庆市和湖北省同期平均水平,覆盖城乡居民的社会保障体系建立,库区经济结构战略性调整取得重大进展,交通、水利及城镇等基础设施进一步完善,移民安置区社会公共服务均等化基本实现。显然,三峡工程移民的安稳致富工作是一个需要较长时间实施的浩大系统工程,它需要全国人民,尤其是库区所在的湖北、重庆两省(市)能够为这项事业奉献智力、财力和人力的人们持续的关注和参与。它既要有经济学的规划和谋略,又要有生态学的视野和管理学的实践,还要有社会学的独特思维和运作,以及众多不同的、各有侧重的工程学科贡献特别的力量。

重庆工商大学身处库区,一直高度关注三峡库区的移民和移民安稳致富工作,并为此作了大量的研究和实践。早在 1993 年,重庆工商大学的前身之一——原重庆商学院,就成立了"三峡经济研究所",承担国家社会科学基金、重庆市政府和各级移民工作管理部门关于移民工作问题的委托研究。2004 年,经教育部批准,学校成立了教育部人文社会科学重点研究基地——长江上游经济研究中心。从成立伊始,该中心即整合全校经济学、管理学各学院的资源,以及生态、环境、工程、社会等各大学科门类的众多学者,齐心协力、协同攻关,为三峡库区移民和移民后续工作做出特殊的努力。

2011 年,国务院学位委员会第二十八次会议审议通过了《关于开展"服务国家特殊需求人才培养项目"试点工作的意见》,在全国范围内开展了硕士学位授予单位培养博士专业学位研究生试点工作。因为三峡工程后续工作,尤其是库区移民安稳致富工作的极端重要性、系统性和紧迫性,由国务院三建办推荐、重庆工商大学申请的应用经济学"三峡库区百万移民安稳致富国家战略"的博士项目最终获批,成为"服务国家特殊需求人才培养项目"的 30 个首批博士项目之一，并从 2013 年开始招生和项目实施。近三年来，该项目紧密结合培养三峡库区后续移民安稳致富中对应用经济学及多学科高端复合型人才的迫切需求，结合博士人才培养的具体过程，致力于库区移民安稳致富的模式、路径、方法、政策等方面的具体研究和探索。

重庆工商大学牢记推动三峡库区可持续发展的历史使命，紧紧围绕着"服务国家特殊需求人才培养项目"这个学科"高原"，不断开展"政产学研用"合作，并由此孵化出一系列紧扣三峡库区实情、旨在推动库区可持续发展的科学研究成果。当前，国家进入经济社会发展的"新常态"，资源约束、市场需求、生态目标、发展模式等均发生了很大的变化。国家实施长江经济带发展战略，意在使长江流域 11 省市依托长江协同和协调发展，使其成为新时期国家发展新的增长极，并支撑国家"一带一路"新的开放发展战略。湖北省推出了以长江经济带为轴心，一主（武汉城市群）两副（宜昌和襄樊为副中心）的区域发展战略。重庆则重点实施五大功能区域规划，将三峡库区的广大区域作为生态涵养发展区与社会经济同步规划发展。值此之际，重庆工商大学组织以服务国家特殊需求博士项目博士生导师为主的专家、学者推出"三峡库区可持续发展研究丛书"，服务国家重大战略、结合三峡库区区情、应对"新常态"下长江经济带实际，面对三峡库区紧迫难题、贴近三峡库区可持续发展的实际问题，创新提出许多理论联系实际的新观点、新探索。将其结集出版，意在引起库区干部群众，以及关心三峡移民工作的专家、学者对该类问题的持续关注。这些著作由科学出版社统一出版发行，将为现有的有关三峡工程工作的学术成果增添一抹亮色，它们开辟了新的视野和学术领域，将会进一步丰富和创新国内外解决库区可持续发展问题的理论和实践。

最后，借此机会，要向长期以来给予重庆工商大学"三峡库区百万移民安稳致富国家战略"博士项目指导、关心和帮助的国务院学位办、三峡办，重庆市委、市政府及相关部门的领导表达诚挚的感谢！

王崇举

2015 年 8 月于重庆

目 录

丛书序 ·· i

1 绪论 ·· 1

1.1 研究背景与意义 ··· 1
1.1.1 从"库三角"到"万开云"板块 ······················· 1
1.1.2 "万开云"板块一体化协同发展，有着良好基础条件 ········ 2
1.1.3 "万开云"板块一体化协同发展，是区域经济社会发展的战略需要 ·· 4
1.1.4 基于"万开云"板块，研究三峡库区城乡商贸统筹具有典型意义 ··· 6

1.2 国内外相关理论及文献 ······································· 8
1.2.1 城乡统筹相关理论 ··· 8
1.2.2 商贸流通相关理论 ··· 12

2 三峡库区基本区情及"万开云"板块社会经济情况 ············ 20

2.1 三峡库区基本区情 ·· 20
2.1.1 三峡库区经济发展概况 ·· 21
2.1.2 三峡库区社会发展概况 ·· 25

2.2 "万开云"板块社会经济情况 ······································· 28
2.2.1 "万开云"板块经济社会发展概况 ······················· 28
2.2.2 "万开云"板块经济社会发展比较分析 ··················· 35

3 "万开云"板块商贸流通业发展现状 ·················· 50

3.1 "万开云"板块商贸流通业发展基础分析 ·················· 50
3.1.1 "万开云"板块商贸流通业规模分析 ················· 50

	3.1.2 "万开云"板块商贸流通业结构分析	53
	3.1.3 "万开云"板块商贸流通业辐射力分析	57
	3.1.4 "万开云"板块商贸流通业成长力分析	59
3.2	"万开云"板块商贸流通业对经济发展的作用分析	62
	3.2.1 商贸流通业对"万开云"板块经济增长的作用	62
	3.2.2 商贸流通业对"万开云"板块三次产业结构优化的作用	64
	3.2.3 商贸流通业对"万开云"板块消费的作用	65
	3.2.4 商贸流通业对"万开云"板块区域经济一体化的作用	66

4 "万开云"板块城乡商贸统筹一体化发展的影响因素 … 68

4.1	"万开云"板块城乡商贸统筹的发展态势	68
	4.1.1 城乡商贸流通业发展规模	68
	4.1.2 城乡商贸统筹规模	70
4.2	"万开云"板块城乡商贸统筹发展影响因素实证分析	74
	4.2.1 变量选取原理、含义与假设提出	74
	4.2.2 数据分析、模型建立与结果分析	76

5 "万开云"板块城乡商贸统筹一体化发展的思路与战略 … 81

5.1	"万开云"板块城乡商贸统筹一体化发展定位	81
5.2	"万开云"板块城乡商贸统筹一体化发展思路	82
5.3	"万开云"板块城乡商贸统筹一体化发展战略	83
	5.3.1 创新驱动战略	83
	5.3.2 开放合作战略	84
	5.3.3 品牌提升战略	84
	5.3.4 主体壮大战略	85
	5.3.5 消费引导战略	85
	5.3.6 环境优化战略	86
	5.3.7 流通现代化战略	86
	5.3.8 产业联动战略	87
	5.3.9 区域协同战略	87
	5.3.10 集聚发展战略	88

6 "万开云"板块城乡商贸统筹一体化的区域布局 …………89

6.1 "万开云"板块城乡商贸统筹一体化区域布局思路 …………89
6.1.1 "万开云"板块城乡商贸统筹一体化发展的总体要求 ……89
6.1.2 "万开云"板块城乡商贸统筹一体化区域布局的总体思路 ……89
6.1.3 "万开云"板块城乡商贸统筹一体化区域布局的重点任务 ……90

6.2 万州城乡商贸统筹发展区域布局 …………92
6.2.1 区域布局总体思路 …………92
6.2.2 城市商业中心布局 …………92
6.2.3 社区商业布局 …………95
6.2.4 镇级商业布局 …………98
6.2.5 特色商业街布局 …………100
6.2.6 商品交易市场布局 …………101
6.2.7 仓储物流布局 …………102

6.3 开州区城乡商贸统筹发展区域布局 …………103
6.3.1 区域布局总体思路 …………103
6.3.2 城市商业中心布局 …………103
6.3.3 社区商业布局 …………107
6.3.4 镇级商业布局 …………108
6.3.5 特色商业街布局 …………110
6.3.6 商品交易市场布局 …………111
6.3.7 仓储物流布局 …………112

6.4 云阳城乡商贸统筹发展区域布局 …………114
6.4.1 区域布局总体思路 …………114
6.4.2 城市商业中心布局 …………114
6.4.3 社区商业布局 …………117
6.4.4 镇级商业布局 …………118
6.4.5 特色商业街布局 …………119
6.4.6 商品交易市场布局 …………120
6.4.7 仓储物流布局 …………121

7 "万开云"板块城乡商贸统筹一体化发展的路径 …………123

7.1 构建完善城乡商贸统筹发展的体系 …………123
7.1.1 商贸物流体系 …………123

- 7.1.2 电子商务体系 …… 126
- 7.1.3 商贸信用体系 …… 128
- 7.1.4 商品流通体系 …… 129

7.2 搭建城乡商贸统筹发展的渠道 …… 133
- 7.2.1 零售企业主导的城乡商贸统筹渠道模式 …… 133
- 7.2.2 专业市场运营商主导的城乡商贸统筹渠道模式 …… 134
- 7.2.3 餐饮企业主导的城乡商贸统筹渠道模式 …… 134

7.3 培育城乡商贸统筹发展的主体 …… 134
- 7.3.1 建立健全万开云板块商贸一体化协同机制，优化商贸主体发展环境 …… 134
- 7.3.2 强化政策引导，加快城市大型商贸流通主体培育 …… 135
- 7.3.3 依托城市商贸主体，加快农村商贸主体培育 …… 135
- 7.3.4 优化政策环境，培育多元化农村电子商务市场主体 …… 135

7.4 建设城乡商贸统筹发展的设施 …… 136
- 7.4.1 建设基础设施 …… 136
- 7.4.2 建设商业设施 …… 136
- 7.4.3 建设服务设施 …… 137

7.5 培养城乡商贸统筹发展的人才 …… 138
- 7.5.1 建立健全人才发展机制 …… 138
- 7.5.2 推进人才队伍培养与建设 …… 138

8 "万开云"板块城乡商贸统筹一体化发展的机制 …… 140

8.1 建立一体化组织领导机制 …… 140
- 8.1.1 建立分层联动协调机制 …… 140
- 8.1.2 强化一体化发展战略引导 …… 140

8.2 建立一体化协调发展机制 …… 141
- 8.2.1 创新一体化合作机制 …… 141
- 8.2.2 探索利益共享机制 …… 141
- 8.2.3 完善要素流动机制 …… 141
- 8.2.4 建立统一市场机制 …… 142

8.3 建立一体化规划管理机制 …… 142
- 8.3.1 严格规划管理制度 …… 142
- 8.3.2 协调规划管理机制 …… 142

	8.3.3 建设规划管理平台 …………………………………………… 142
8.4	**建立一体化产业协作机制** …………………………………… 143
	8.4.1 加强商贸流通业政策对接 …………………………………… 143
	8.4.2 强化商贸流通业功能互补 …………………………………… 143
	8.4.3 完善商贸流通业规划布局 …………………………………… 143
	8.4.4 加大商贸流通招商引资力度 ………………………………… 144
8.5	**建立一体化政策扶持机制** …………………………………… 144
	8.5.1 加强财政扶持力度 …………………………………………… 144
	8.5.2 加强政策支持力度 …………………………………………… 144
	8.5.3 实施税收减免政策 …………………………………………… 145
	8.5.4 加大金融支持力度 …………………………………………… 145

参考文献 ……………………………………………………………… 146

后记 …………………………………………………………………… 150

1 绪 论

1.1 研究背景与意义

2016年2月，重庆市公布了《"万开云"板块一体化协同发展规划（2016—2020年）》，规划中的"万开云"板块，包括万州区、开县[①]（现称开州区）和云阳县，是渝东北生态涵养发展区[②]最具发展潜力和发展条件的特色经济板块，也是三峡库区腹心区域。

1.1.1 从"库三角"到"万开云"板块

"万开云"板块，之前在重庆称为"库三角"。"库三角"概念，应该说是重庆大学雷亨顺教授于2004年年初提出的。他认为，万州、开县、云阳任何一个单枪匹马谋发展都显得势单力薄，如果能携手打造三峡库区经济联合体，可以给库区经济、社会、环境协调发展带来动力。

2004年2月，万州、开县、云阳党政主要负责人在万州，就三地经济、社会、环境发展进行了一场历史性对话。三地在市场互联、旅游互通、产业互补和信息共享等方面进行了有益尝试。2007年9月，三地政府签订了《"万开云"

[①] 2016年6月，国务院正式批准撤销开县，设立开州区，并于7月22日正式挂牌成立。
[②] 2013年9月13日至14日，中共重庆市委四届三次全会召开。会议综合考虑人口、资源、环境、经济、社会、文化等因素，将重庆划分为都市功能核心区、都市功能拓展区、城市发展新区、渝东北生态涵养发展区、渝东南生态保护发展区五个功能区域。

区域合作框架协议》，在综合交通枢纽、特色产业基地、商贸物流中心、旅游开发等多个重点领域展开合作。尽管如此，三地的合作推进仍较为迟缓，力度不够大、合作领域不够宽、合作层次不够深、合作成效不明显，还存在产业同构现象突出等问题。

2013年，重庆市委四届三次全会上，在"一圈二翼"①基础上，重庆市委、市政府出台《关于科学划分功能区域 加快建设五大功能区的意见》，提出把万州作为重点开发区加快建设，完善城市功能，提升城市品质，依托国家级经济开发区——万州经济技术开发区，发展特色产业集群，承接周边地区人口转移，带动形成万（州）开（县）云（阳）特色产业板块。

为推动"万开云"板块一体化协同发展，优化资源要素配置，提高区域开发效率，形成新的区域增长极，示范带动渝东北生态涵养发展区"面上保护、点上开发"，更好融入长江经济带建设和成渝城市群发展，2016年2月，重庆市公布了《"万开云"板块一体化协同发展规划（2016—2020年）》，"万开云"板块说法，正式上升到官方的"万开云"板块。图1.1为"万开云"板块在长江经济带和重庆的位置示意图。

1.1.2 "万开云"板块一体化协同发展，有着良好基础条件

万州区，位于长江上游地区、重庆东北部，地处三峡库区腹心，区位独特，历来为渝东北、川东、鄂西、陕南、黔东、湘西的重要物资集散地，是成渝城市群沿江城市带区域中心。万州区辖区面积3457km²，建成区面积55 km²，城镇化率63.79%，城区人口超过80万。②长江黄金水道穿境而过，万州是拥有机场、铁路、高速公路、深水港码头、高铁、海关口岸和国际保税物流中心的交通枢纽城市。"十三五"规划目标，万州将建成重庆重要现代制造业基地、渝东北商贸物流中心、金融中心和西部地区通江达海重要开放门户，建设国家级现代农业示范区。

开州区，位于重庆市东北部，三峡库区小江支流回水末端，北依大巴山，南近长江，西邻四川省开江县，北接重庆城口县和四川省宣汉县，东毗重庆云

---

① 2006年11月，重庆市提出了"一圈两翼"发展战略，"一圈"是指以主城为核心、以大约1h通勤距离为半径范围的城市经济圈；"二翼"是指以万州为中心的三峡库区城镇群（渝东北翼）和以黔江为中心的渝东南城镇群（渝东南翼）。

② 资料来源于重庆市万州区人民政府网，www.wz.gov.cn/main/zjwz/qqgl/67-129/default.shtml?title=区情概览，2017-04-27。

1 | 绪 论 | 3

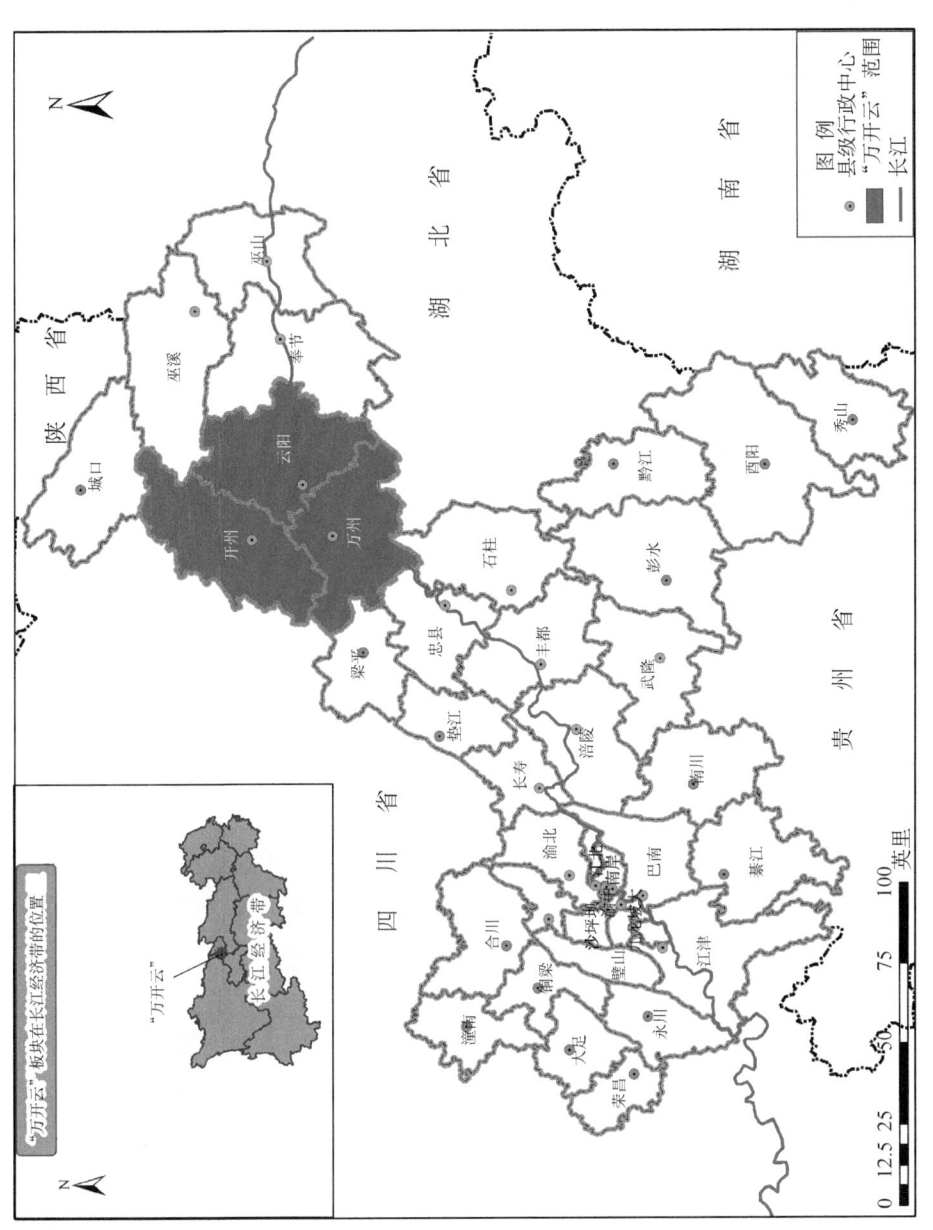

图1.1 "万开云"区位示意图

阳县和巫溪县，南邻万州区。西与四川省接壤。至2015年年底，开县（现开州区）辖区面积3959km^2，户籍人口168.35万，辖26个镇、7个街道、7个乡。2016年6月，国务院正式批准撤销开县，设立开州区，并于7月22日正式挂牌成立。2012年2月，开县被住房和城乡建设部正式命名为"国家园林县城"。2013年12月，开县荣获"2013中国休闲小城"称号。

云阳县，位于重庆市东北部，东与奉节县相连，西与万州区相接，南与湖北省恩施土家族苗族自治州利川市相邻，北与开州区、巫溪县毗邻。县境南北长99.5km，东西宽70.2 km，总面积3649 km^2。至2015年12月28日，云阳县辖4个街道、31个镇、7个乡（1个民族乡）；常住人口89.87万人，户籍人口135.96万人。云阳县列入《全国文物分布图》的古建筑、古遗址、古墓葬、石刻造像等文物145处，名列长江三峡库区各县之首。

万州区、开州区和云阳县，同处三峡库区腹心区域。万州与云阳同住长江边，云阳与开州共饮小江（长江支流）水，开州与万州有一条隧道相连。三地两两相距50km左右，彼此行车时间半小时，它们所构成的几何图形几乎就是一个等边三角形。历史上素有"金开银万"的说法，有趣的地缘、深厚的渊源，注定了三地协同发展的必然。

一是发展基础较好。"万开云"板块2015年地区生产总值、常住人口分别占渝东北生态涵养发展区的49.3%、38.6%；城区建成区面积达100多平方千米，城镇常住人口近190万，是渝东北生态涵养发展区经济体量最大、人口最为集中、城镇分布最为密集、发展程度和开发条件相对较好的区域。

二是区位优势明显。"万开云"板块地处渝东北生态涵养发展区地理中心，达万、宜万铁路及万开、万云、渝万高速公路等贯穿全域，6条国道线过境，万州港为长江十大优势港口之一，万州机场年旅客吞吐量50万人次左右，已形成水陆空立体交通体系。

三是合作基础深厚。万州区、开州区、云阳县地域相邻、山水相连、人文相亲，区域合作历史悠久，协同发展基础深厚。三地已有共同推动综合交通枢纽建设、劳务经济开发、旅游联动等合作，经济社会发展联系日趋紧密。

1.1.3 "万开云"板块一体化协同发展，是区域经济社会发展的战略需要

"万开云"板块一体化协同发展，既是三地自身发展的需要，更是渝东北

生态涵养发展区乃至更大区域经济社会发展的战略需要。

"万开云"板块一体化协同发展，是重庆和"万开云"主动融入长江经济带建设和成渝城市群发展的战略举措与战略需要。放眼长江经济带，从重庆到武汉1200多千米长江流域间，没有一个有力的城市群支撑。渝东北生态涵养发展区综合实力最强的万州，相比邻近的四川达州、湖北宜昌等周边节点城市，优势也不突出。而"万开云"板块，是长江经济带和成渝城市群的重要组成部分，加快"万开云"板块一体化协同发展有利于形成长江经济带的新节点和成渝城市群的新支撑，有利于增强重庆作为长江经济带的西部中心枢纽和成渝城市群战略核心的功能定位，充分发挥重庆在国家区域发展与对外开放战略格局中独特而重要的地位和作用。

"万开云"板块一体化协同发展，是重庆和"万开云"落实长江经济带"大保护"总体要求的重要载体。2016年1月5日，中共中央总书记、国家主席习近平在重庆召开推动长江经济带发展座谈会时强调，长江是中华民族的母亲河，也是中华民族发展的重要支撑。长江拥有独特的生态系统，是我国重要的生态宝库。当前和今后相当长一个时期，要把修复长江生态环境摆在压倒性位置，共抓大保护，不搞大开发。2016年5月30日，中共中央、国务院印发了《长江经济带发展规划纲要》，"共抓大保护，不搞大开发"，建设沿江绿色生态廊道。"万开云"板块是三峡库区腹心区域，加快一体化协同发展，有利于收缩开发阵地、整合开发资源、提高开发效率，为"大保护"腾留更多生态空间；通过"万开云"板块先行示范作用，推动三峡库区加快形成经济、社会、生态协调共进的"大保护"格局。

"万开云"板块一体化协同发展，是秦巴山集中连片贫困地区脱贫攻坚的迫切需要。"万开云"所在的渝东北生态涵养发展区是国家秦巴山连片贫困地区的重要组成部分，是重庆市全面建成小康社会的重点和难点区域。"万开云"板块一体化协同发展，有利于更好辐射带动秦巴山集中连片贫困地区共同发展，促进脱贫攻坚和民生改善。

"万开云"板块一体化协同发展，是渝东北生态涵养发展区"面上保护、点上开发"率先突破的现实考虑。"万开云"板块是渝东北生态涵养发展区最具"点"上开发条件的特色板块。加快一体化协同发展，率先实现"点"上突破，有利于渝东北生态涵养发展区尽快走出"面上保护、点上开发"的科学发展之路。

1.1.4 基于"万开云"板块，研究三峡库区城乡商贸统筹具有典型意义

三峡工程"后移民时期"，移民安稳致富、建设和谐稳定新库区是三峡库区经济社会发展的首要任务[①]。如何安稳致富、建设和谐库区是三峡库区移民区县共同关心的带有规律性的问题。对于三峡库区这样一个产业基础薄弱、产业层次低下、产业结构老化的地区，在产业空虚化条件下，离开产业的发展，离开第三产业的发展，谈论移民安稳致富、建设和谐稳定新库区是不现实的。三峡库区核心问题，是解决库区产业的空虚化问题。如何破解库区产业的空虚化？三峡库区旅游文化资源富足，商旅文联动，发展特色商贸服务业，实现城乡商贸统筹发展，不失为实现库区移民安稳致富的有效路径之一。

我国城乡之间商贸流通发展不平衡的问题，在三峡库区同样存在，城乡分割的"二元经济结构"特征还更明显一些，虽然重庆作为"城乡商贸统筹发展试点区"进行了积极的实践探索，也取得了不少成绩，但城乡商贸问题依然是客观存在的。"万开云"板块所属三区县，地处三峡库区腹心区域，都属于移民大县，城乡商贸统筹发展对三峡库区城乡商贸统筹发展具有典型意义。"万开云"板块城乡商贸统筹发展的先行示范，必将在三峡库区起到示范带动作用。

城乡商贸统筹一体化发展，是"万开云"板块一体化协同发展的内生需求，"万开云"板块一体化协同发展的过程，是产业分工一体化发展的过程，实质上也是商贸流通一体化分工协同发展的过程，更是城乡商贸一体化统筹发展的过程，通过城乡商业互动融合，实现城乡商贸流通业的共同发展，从而也实现"万开云"板块一体化协同发展。

"万开云"板块一体化协同发展，为城乡商贸统筹一体化发展提供了必要条件。按《"万开云"板块一体化协同发展规划（2016—2020年）》的要求，"万开云"板块空间功能布局，将坚持"全域统筹、三城联动、产城融合、一体化发展"，畅通内外交通路网，引导组团式聚合发展，构建形成以万州城区为核心、开县和云阳城区为拱卫，发展要素集聚、产业特色突出、布局疏落有致、生态环境美好的"三组团、同城化"城镇空间格局。规划要求"推进基础设施互联互通"，提升以交通、能源、水利、信息等为重点的基础设施共建共

---

① 2011年5月18日国务院常务会议讨论通过的《三峡后续工作规划》，确定了6个主要任务和目标，其中移民安稳致富及促进库区经济社会发展，是三峡后续工作的首要任务。

享、互联互通水平,增强区域一体化协同发展支撑能力;规划要求"统筹城乡一体化发展",按照城乡一体化发展的总体要求,走新型城镇化道路,择优培育重点特色小镇,发挥小城镇在城乡连接中的带动作用,协同推进社会主义新农村建设,促进城乡之间公共资源均衡配置和生产要素自由流动。因此,规划的实施,为"万开云"板块城乡商贸统筹一体化发展提供了必要条件,必将使"万开云"板块城乡商贸统筹一体化发展成为可能。"三组团、同城化"城镇空间示意如图1.2所示。

因此,本书是基于"万开云"板块来研究的,以此作为三峡库区城乡商贸统筹一体化发展的示例。在"万开云"板块一体化协同发展的条件下,探索其城乡商贸统筹一体化发展更有重要学术价值和现实现意义。本书不研究城乡商贸统筹的一般问题,只就"万开云"板块商贸流通及城乡商贸统筹发展进行研究。[①]

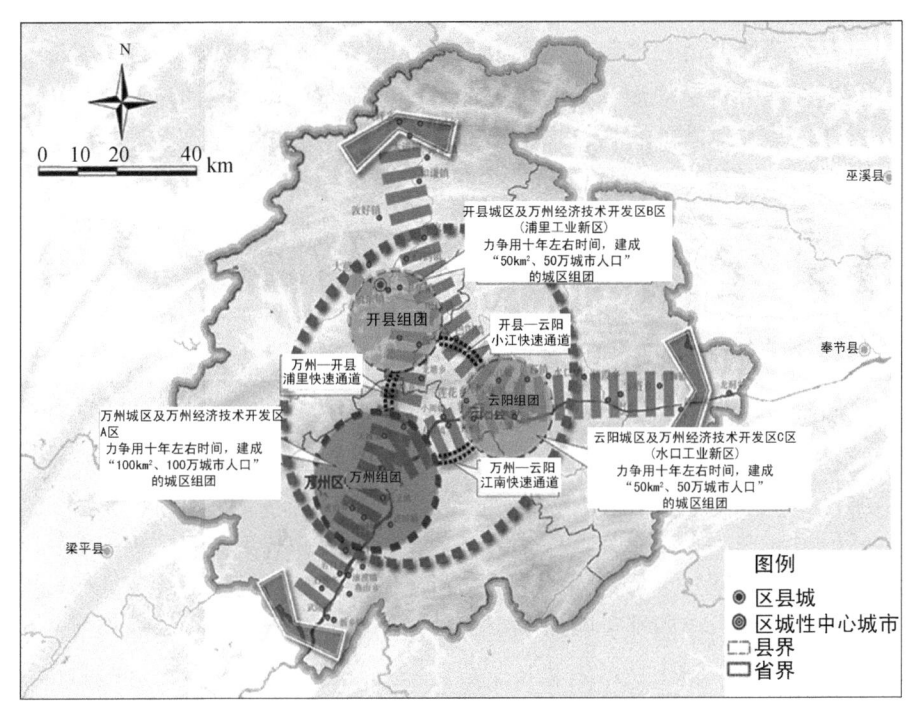

图1.2 "三组团、同城化"城镇空间示意图

[①] 关于城乡商贸统筹,2014年7月科学出版社出版的《城乡商贸统筹发展研究》作过较深入分析。

1.2 国内外相关理论及文献

1.2.1 城乡统筹相关理论

1.2.1.1 国外经典理论

1）城乡均衡发展理论

马克思主义认为，随着生产力的不断发展，人类社会将经历城乡分离到城乡融合的进程。城乡融合才能推动工农业的进一步发展。城乡分离和对立不是工农业发展水平提高的结果，而是工农业发展水平还不够高的表现，未来社会将是更高层次的城乡融合。马克思、恩格斯指出，城乡关系会经历三个辨证发展的阶段。第一阶段，城市逐渐脱离于乡村，乡村仍在整个人类社会系统中占主导地位；第二阶段，城市在经济、社会文化方面的重要性逐渐超过乡村，城乡对峙现象凸显；第三阶段，城乡依赖日益加深，逐步走向融合。值得注意的是，马克思、恩格斯强调城乡分离的存在具有客观必然性，其向城乡融合的演进，符合社会发展演进的一般规律，需要经历一个漫长的历史过程才能实现。

2）城乡非均衡发展理论

二元经济结构理论。1954年，刘易斯在《劳动力无限供给条件下的经济发展》一文中，提出发展中国家的经济二元结构理论，揭示发展中国家农村剩余劳动力转移与城乡二元经济结构消减的关系原理。刘易斯提出消除二元经济结构的关键在于，充分发展现代部门，在就业提供、商品流通、物质设施分享等方面，带动传统部门发展，以此促使农业剩余劳动力向城市现代化工业部门的转移，直到城市现代化工业部门完全吸收农村剩余劳动力，农村工资和城市工资将趋向一致，城乡二元经济结构逐渐消失。

1961年，美国经济学家拉尼斯和费景汉发表《经济发展的一种理论》一文，发展了刘易斯模型，更加详细地论述了在经济结构转换过程中就业结构转换的条件和阶段。提出"隐性失业"的概念，从动态的角度将剩余劳动力转移历程划分为三个阶段，认为技术变化与非农资本积累是影响农村剩余劳动力转移的重要条件。只有通过两部门不断地共同投资与创新，促使农业部门经历三个阶段的剩余劳动流出，直至挤出农业中的全部隐性失业者，才能消除城乡二元经济结构，实现经济平衡增长。

核心-边缘理论。1966年，弗里德曼在研究委内瑞拉区域发展演变进程的基础上，结合增长极理论与各种空间系统发展理论，在他的学术著作《区域发展政策》中提出"核心-边缘理论"。该理论广泛运用于城乡关系的研究中，特别是城市核心区域与边缘区域的互动发展模式，也是我国统筹城乡发展的重要借鉴依据。

增长极理论。最早由法国经济学家弗朗索瓦·佩鲁提出，广泛运用于解释和预测区域经济的结构和布局。他借喻磁场内部运动在磁极最强的规律，认为经济空间如同力场，其中存在规模较大、增长速度较快、与其他部门的相互关联效应较强的一组产业，类似力场中的"增长极"，不仅能够迅速壮大自身实力，而且能够通过乘数效应推动其他部门增长。揭示出经济增长是一个由点到面、由局部到整体依次推进，有机联系的系统，而推进性的增长级由城镇、产业、部门、新工业园区、经济协作区等承担。因此，一个国家或地区在规划产业布局或区域经济发展时，可首先考虑提供一定的优惠政策或条件，优先培育产业或城市增长极，发挥区位经济、规模经济、外部经济的经济效应，逐步诱发出增长极的经济辐射作用，带动增长极以外产业或区域经济的共同发展。

1.2.1.2 国内理论观点

城乡统筹发展的思想最早体现在毛泽东的《论十大关系》讲话中，但后来因为国家实施重工业优先发展战略，为获取农村经济剩余，出台实施了《户口登记条例》，实行了人民公社制度，形成并固化了城乡二元结构格局。20世纪80年代以后，城乡二元结构爆发出诸多弊病，城乡矛盾加剧，学术界开始探讨并力图解决城乡二元结构问题。国家经济体制改革委员会编著的《城乡改革实践的思考》、中国科学院发布的《城市与乡村——中国城乡矛盾与协调发展研究》报告，对破除我国城乡二元结构提供了有力的思想武器。21世纪以来，中央确立工业反哺农业、城市支持农村的方针，城乡统筹发展成为我国经济社会的重大战略任务，学术界对此展开了大量的研究，取得了丰硕的成果。

1）城乡统筹的内涵界定

焦伟侠和陈俚军（2004）界定了城乡统筹的三方面内涵：①改变重城市、轻农村及"城乡分治"的传统观念和体制，通过体制改革和政策调整，清除城乡之间的体制障碍，消除城乡分割，使城乡之间人口、产品、资金、技术、信息有效流动；②把城乡作为一个整体，对国民收入分配格局和重大经济社会政策进行重新设计，实行城乡统一筹划，把支持农村、关心农民、调整农业作为城市化的重要内容，实现城乡共同繁荣和发展；③要解决中国经济的二元结构和高级化问题。

姜太碧（2008）认为城乡统筹发展应包含城乡制度统筹、城乡要素统筹、城乡关系统筹三个层面。其中，城乡制度统筹层面包括统筹城乡劳动力就业制度、统筹城乡户籍管理制度、统筹城乡财政分配和转移支付制度、统筹城乡社会保障制度、统筹城乡教育制度；城乡要素统筹层面包括统筹城乡土地要素、统筹城乡资金要素、统筹城乡劳动力要素；城乡关系统筹方面包括统筹城乡产业关系、统筹城乡区位关系、统筹城乡居民关系。

马骁（2008）从城乡统筹发展的主体、对象、关键、直接目标和长远目标5个方面，对城乡统筹发展的内涵进行了科学界定。他认为统筹城乡社会经济发展的主体是各级政府；对象是城乡社会经济发展，包括工业化、城镇化、农业现代化建设与公共产品和服务的供给；关键是加快建立以工促农、以城带乡的长效机制，调整国民收入分配格局，巩固和完善强农惠农政策，把国家基础设施建设和社会事业发展重点放在农村；直接目标是推进城乡基本公共服务均等化，实现城乡、区域协调发展，使广大农民平等参与现代化进程、共享改革发展成果，极大地改变"城乡分治"所形成的二元经济结构和社会结构，促进社会和谐；长远目标是全面实现和谐的小康社会并使之可持续发展。

2）城乡统筹的实现机制与路径

（1）机制层面，主要包括动力机制和保障机制。

动力机制。于善波（2010）指出，市场经济的发展是城乡统筹发展的内在动力，而城市化及其内部产业的发展水平是城乡统筹发展的现实动力。陈文科等（2011）总结出湖北省鄂州市探索城乡统筹发展的四大长效动力机制，即以宅基地和承包经营权换取安置房和就业服务的补偿机制，农户、集体、政府、社会投入相结合的多元化建设投入机制，以耕地向规模经营、工业园区集中、农民向新社区集中的"三个集中"机制，以及生态环保与产业培育良性互动的绿色发展机制。曹萍（2011）以甘肃省正宁县为样本，指出资源整合机制、协调发展机制、分类实现机制，是推进西部欠发达地区城乡统筹发展的三大动力机制。张果等（2014）从理论上构建了城乡统筹可持续发展动力机制框架，指出新型工业化、新农村建设、新型城镇化是推动城乡统筹可持续发展的三大动力机制。

保障机制。宋明岷（2011）详细分析了我国2009年推出的新型农村社会养老保险制度的优缺点，指出应当设立动态可调的新型农村社会养老保险养老金替代率基准，采用缴费基数属地化的比例制缴费方式，优化新型农村社会养老保险制度筹资机制。王利蕊（2013）认为，在城乡统筹发展中最重要的是必须建立和完善农民利益表达机制、农民利益产生机制与农民利益分配机制三大农民利益保障机制。王晓玲（2014）探讨了广东湛江城乡统筹医疗保障机制创新，指出"一次投保+二次分保+第三方协同管理"的城乡一体化健康保障模式，提高了居民医疗保障水平。吴根平（2014）指出建立和完善城乡融合与一体化发展基本公共服务均等化体制机制，才能实现城乡一体化发展战略。

（2）制度层面。姜作培（2003）较早指出，总体制度创新是决定城乡统筹发展进程、发展水平和质量的关键所在，因此应大力推进我国户籍制度、就业制度、土地制度、税费制度、金融制度、社会保障制度的创新。林凌（2007）以成都市和重庆市成为全国统筹城乡综合配套改革试验区为契机，深刻且全面地论述了城乡统筹发展需要进行的四大创新性制度改革：一是农民转市民的改革；二是土地制度的改革；三是财政和金融体制的改革；四是行政管理体制的改革。张秋（2011）指出我国城乡统筹发展应该借鉴国外成功经验，打破并完善现行的制度安排，一是改革现行户籍制度；二是建立城乡统一的劳动就业制度；三是改革农村土地制度；四是拓宽社会保障覆盖范围。学者还研究了公共物品供给制度、养老保险制度、土地流转制度、医疗保障制度等。

3）城乡统筹的评价体系

徐静珍和王富强（2004）较早认识到应科学评价城乡统筹发展水平，提出城乡统筹发展的评价标准、评价体系建立原则、评价体系应注意的问题。吴先华等（2010）认为评价城乡统筹发展水平还应考虑评价对象的基础条件，因此构建了城乡统筹发展基础指标体系与城乡统筹综合评价指标体系，对山东省城乡统筹发展水平进行了综合测评。杜茂华和陈国生（2010）使用因子分析法测算了重庆市40个区县的城乡统筹发展水平。曹扬等（2011）基于整合AHP（层次分析法）/DEA（数据包络法）对我国各省区的城乡统筹条件和水平进行了评价和排序，并研究了各省区的城乡统筹效率及改进路径。潘竟虎和尹君（2011）基于DEA-ESDA（探索性空间数据分析）方法探讨了甘肃省城乡统筹发展的空间差异变化特征与规律。李洁和黄应绘（2013）基于综合评价法，建立了由4个一级指标共21个二级指标构成的统筹城乡发展指标体系，测评了重庆市统筹城乡发展状况。杨娜曼等（2014）运用主成分分析法和格兰杰因果分析模型，分析了湖南省城乡协调发展水平。赵璟等（2015）构建了城乡统筹时空分析模型，测度了关中城市区域城乡统筹发展水平及时空演进特征。

1.2.2 商贸流通相关理论

1.2.2.1 国外经典理论

1) 商贸流通业发展阶段理论

（1）起飞模型理论。罗斯托作为非均衡经济发展理论的代表，提出了经济发展的 5 个阶段理论，即传统社会、起飞前准备阶段、起飞阶段、成熟阶段、大众高消费阶段。在传统社会，生产力主要以农业为主，服务业还处于萌芽阶段；在起飞前准备阶段，社会逐步由农业转向服务业，劳动力也开始不断从农业向工业和服务业转移；在起飞阶段，传统产业实现了工业化，并开始步入现代化进程，人们的价值结构也逐步发生变化，服务化开始深入人心，服务业的发展进入一个全新阶段；在成熟阶段，高科技的发展也使服务业进入飞速发展时期，并在国民经济的发展中占据主导地位；在大众高消费阶段，社会的物质资料极大丰富，人们的需求已经从物质需求转向服务需求，社会全面进入服务型社会，国民经济的发展全面步入服务经济与体验经济时代。

（2）后工业社会理论。丹尼尔·贝尔（1973）提出的"后工业社会"理论，阐释了包括商贸流通业在内的第三产业增加值在 GDP 中的比重与经济发展阶段的相互关系。他把人类社会发展分为 3 个阶段：农业社会、工业社会和后工业社会。当人均 GDP 在 50~200 美元时，人类社会处于农业社会阶段，家庭是社会的基本生产单位，生产仅能满足最基本的生活需要，生产效率低，服务主要体现为个人服务和家庭服务；当人均 GDP 在 200~400 美元时，人类社会处于工业社会阶段，工厂成为社会生产的基本单位，生产以机器为主，生产效率大大提高，服务主要体现为生产性服务；当人均 GDP 在 4000~20 000 美元时，人类社会处于后工业社会，信息成为国民财富的来源，服务主要体现为知识服务和公共服务。

2) 商贸流通业与就业关系理论

（1）配第-克拉克定理。威廉·配第最早指出国民收入在产业间的差异对劳动力就业结构变化的影响关系，也被称为"配第定理"。他认为由于商业的收益高于工业，而工业的收益又高于农业，导致了劳动力为追逐更高的收益在产业之间进行转移，即从农业向工业和商业转移。在"配第定理"的基础上，科林·克拉克（Clark，1957）研究了经济发展水平与劳动力就业结构之间的关系，通过对 20 个国家的各部门劳动投入和总产出的时间序列数据进行计算，得出了重要结论：随着人均国民收入的不断提高，农业国民收入和劳动力的相对比重逐渐下降；制造业国民收入和劳动力的相对比重上升；经济进一步发展，服务业国民收入和劳动力的相对比重也开始上升。人们将配第的观点和克拉克的观点统称为"配第-克拉克定理"。

（2）克拉克法则。库兹涅茨（1985）深化了克拉克的研究，提出了"克拉克法则"，其认为：第一，随着时间的推移，农业部门的国民收入在整个国民收入的比重和农业劳动力在全部劳动力中的比重不断下降；第二，工业部门国民收入在整个国民收入中的比重大体上是上升的，但是，工业部门劳动力在全部劳动力中的比重则大体不变或略有上升；第三，服务部门的劳动力在全部劳动力中的比重和服务部门的国民收入在整个国民收入的比重基本上都是上升的。

3）商贸流通业与工业关系理论

随着社会分工水平的不断深化，生产性服务业在降低厂商交易成本方面的作用凸显，引发了学者围绕生产性服务业对工业的促进作用展开了一系列研究。Shelp（1984）认为如果农业、采掘业和制造业是垒起经济发展大厦的砖块，服务业则是把砖块之间黏合紧密牢固的灰泥。Riddle（1986）提出了"黏合剂"理论，指出服务业是经济活动的黏合剂，促进了市场交易效率的提高，推动了社会物质生产的扩大。一些学者也解释了生产性服务业作为"黏合剂"存在的必要性。Bhagwati（1984）指出，厂商为降低因产业分工引致的高昂的交易成本，是将内部活动外包给生产性服务业的重要原因。Grubel 和 Walker（1989）认为生产性服务业能够深化商品生产领域所需要的人力资本和知识资本，是企业提高生产率、获取竞争优势的充分条件。

4）商贸流通业区域布局理论

（1）区域分布。1933 年，德国经济学家 Christaller（1933）创立的"中心地理论"，是商贸流通业区位分布的奠基性理论，系统地阐明了中心地的数量、规模和分布模式。他将城市空间结构分为中心地和补充区域，中心地主要提供贸易、金融、手工业、行政、文化和精神服务，基本功能是向补充区域提供中心性商品和服务。而中心地由许多补充区域所围成，中心地越大，其服务影响区域就越大，补充区域数量就越少，反之则反。在此基础上，市场、交通与行政三大影响因素，决定了中心地网络呈现出不同的结构，且按照一定区域内中心地商品和服务的等级或特性，可确定一个中心地在中心地网络结构中的地位和作用。

商贸流通业布局的研究集中于影响布局的因素上。Coffey 等（1990）对加拿大区域性服务业的实证研究显示，教育、卫生等非营利性服务业布局临近其服务的对象——家庭；政府公共行政服务行业、交通、公用事业和通信行业主要或部分受人口分布影响；零售业和消费性服务业的布局受区域购买力影响；生产性服务业与城市规模高度正相关。Daniels（1989）、Grubel 和 Walker（1989）等学者的研究揭示了服务业发展伴随着区域发展不平衡的特征，一般来说，计算机、金融等生产性服务业更容易集聚在人口众多的大城市。

（2）集聚机理。近 30 年来，服务业集群在发达国家与发展中国家迅速崛起，创新了产业空间组织形式，成为区域经济发展的重要推进性单元。因此，学者们对其展开了广泛而集中的研究，研究重点在于探索服务业集聚机理。集聚机理一是交易成本的节约。Sassen（1994）指出随着社会分工规模的不断扩大、专业化程度的不断提高、迂回产业链条的不断延长，必然需要持续扩大的市场规模予以支撑来降低成本，集聚则由此产生。Markusen（1989）认为生产性服务业具有规模报酬递增的特点，这是服务业集聚的重要因素。集聚机理二是知识外溢和集体学习。Keeble 和 Wilkinson（2000）认为，集聚有利于实现知识外溢和集体学习的有效互动，从而更加容易获取隐形知识并将其创新成新的知识形态。集聚机理三是接入全球网络。其指出，集群内中小服务企业比集群外中小服务企业更容易嵌入全球经济活动，这样有利于在经济全球化背景下获取、补充新的知识、信息和技能。

1.2.2.2　国内理论观点

1）商贸流通业的战略作用

（1）流通基础产业论。黄国雄（2005）提出流通产业是国民经济中的基础性产业，因为流通产业满足基础产业的全部特征，即社会化、贡献率、就业比、关联度和不可替代性五大特征。洪涛（2007）在界定流通产业的基础上，从流通产业提供的产品和服务、流通产业对其他部门的影响、流通产业的基础性作用、吸收就业、促进社会再分配、保障社会稳定等 13 个重要方面，肯定了流通产业发挥的重要作用，论证了流通产业已成为我国的基础产业。

（2）流通先导产业论。刘国光（1999）认为，流通业应从计划经济体制下的一个末端行业转化为市场经济体制下的先导行业。王先庆和房永辉（2007）肯定了流通产业在国民经济中的基础性地位和先导性作用，但由于受一般约束条件和现实约束条件的限制，流通业不能自发成为先导性产业。赵德海和邵万清（2004）实证了流通产业对国民经济的贡献、对就业的贡献、对经济增长的贡献、对产业结构优化的贡献，指出流通产业应成为适当超前发展的先导产业。

（3）流通战略产业论。冉净斐（2005）指出流通产业应定位于战略产业，因为流通产业不仅是一个未来增长潜力大的产业，而且对产业结构的优化、增加就业具有重要作用，同时流通竞争力已经成为提高国家竞争力的重要部分。曹金栋和杨忠于（2005）认为我国流通业符合战略性产业标准。

2）商贸流通业与经济增长的关系

现有研究主要是使用计量方法测算流通产业对我国经济增长的贡献及与三次产业的关联关系。杨宜苗（2006）测算了我国流通产业对GDP或GNP（国民生产总值）、经济增长、三次产业、社会就业、国民福利及城市形成和发展的贡献，论证了流通产业已成为我国的基础性产业或先导性产业。周日星等（2008）利用可变参数模型测算了浙江省流通产业对经济总量的促进作用，使用向量自回归模型分析流通业与总量经济间的交互作用，以及流通业对社会就业的贡献。同时阐释了流通业对经济发展的溢出效应。

3）商贸流通现代化

（1）流通现代化的内涵。夏春玉等（2010）全面总结了学者们对流通现代化的定义，将不同定义划分为状态说、动态说、综合说、现代说四类。以黄国雄和曹厚昌（1997）、王诚庆和杨圣明（1995）等为代表的状态说，认为流通现代化是一种状态，是国民经济现代化的具体体现，须依靠现代科学物质技术手段与管理方式来实现。以贾履让和张志中（2004）、晏维龙（2002）等为代表的动态说，认为流通现代化是随着人类经济社会发展而不断变化的概念。以丁俊发和张绪昌（1998）、宋则（2003）为代表的综合说，认为流通现代化是商流、物流、信息流、资金流效率综合提高的过程。以李飞（2003）和王成荣（2006）为代表的现代说，认为流通现代化是伴随着社会工业化、信息化过程而实现的在流通领域发生的变革和创新过程。从内涵本身内容来看，流通现代化的定义虽然不同，但相同点是学者们均是从物质、制度与观念3个维度进行概念的界定。

（2）流通现代化评价。宋则和张弘（2003）最早提出构建流通现代化指标体系，建立了一个包括50个一级指标、30个二级指标的中国流通现代化综合评价指标体系。李飞和刘明薇（2005）以流通现代化的物质层面、制度层面、观念层面为基础，构建了一个包括3个一级指标，13个二级指标，16个三级指标的中国流通现代化的评价指标框架，利用德尔菲法和主成分分析法确定了中国流通现代化的评价指标框架的指标权重系数，赋予了该指标体系实践应用价值。瞿春玲和李飞（2012）在完善商品流通现代化指标体系的基础上，运用模糊综合法将商品流通现代化指标转换成指数，指出区域位置、总体经济势力、产业结构是制约区域流通现代化水平的因素，并将我国按流通现代化发展水平划分为三大区域。

（3）流通现代化实现路径。李保民和孙剑（2003）提出要大力推广连锁化经营，一是连锁经营形式要从偏重超市，向超市、便利店、仓储商场等多零售业态发展，二是连锁组织形态要从偏重直营连锁，向特许连锁、自有连锁多种形式发展，三是在零售业务上，从偏重商品销售向连锁服务业发展。陆江（2009）认为大力发展现代物流是促进流通现代化的重要途径。王军（2014）提出要用信息化推动流通现代化的发展。白志刚（2014）指出要充分发挥供销合作社在农村商品管理与物流配送上的主导作用，有效推进农村流通现代化。李保民和孙剑（2003）指出要推动流通企业建立起现代企业制度，培育具有国际竞争力的大型流通集团。郝向红（2007）提出促进我国流通现代化必须进一步完善流通体制环境和优化流通现代化政策环境。

4）商贸流通竞争力评价

杨亚平和王先庆（2005）、李志玲（2005）较早探讨了区域流通产业竞争力指标体系的设计与测算问题。马龙龙和刘普合（2009）从流通规模、流通结构、流通密度、流通设施、流通效率/效益、流通贡献力、流通辐射力、流通成长力8个方面，建立了包括42个核心指标的城市流通竞争力核心指标，测评了33个城市流通竞争力。岳牡娟和孙敬水（2009）利用因子分析法构建了区域性流通竞争力评价指标体系，包括6个一级指标和17个二级指标，测评了浙江省流通产业竞争力在全国的排名。刘根荣和付煜（2011）运用因子分析法，构建了中国流通产业区域竞争力评价指标体系，测评了我国31个省区流通产业的区域竞争力，并按流通竞争力水平进行划类比较研究，提出有针对性的政策建议。刘根荣（2014）认为目前流通产业竞争力评价研究存在指标不统一和偏重界面数据的缺陷，因而采用全局主成分分析法重新建立起流通产业竞争力指标体系，对"十一五"期间我国31个省区流通产业进行了测评、排序和划类。

5）商贸流通理论构建与创新

流通理论或流通经济学，一直未能摆脱贫困的状态，徐从才和丁宁（2013）认为主要原因在于主流经济学（新古典）已经把流通问题抽象掉了，致使流通理论缺少明确的理论核心，因而未能形成流通经济学完整、系统的知识体系，使研究内容摇摆不定，研究方法上不能有效应用现代经济学定量和经验实证分析，缺乏对现实问题的理论解释力。夏春玉（2006）在界定流通概念的基础上，探讨了流通问题的研究视角与流通理论的学科属性。其认为，流通问题的理论研究可以有宏观与微观两个视角，从而给出流通问题的5种研究方法，并构建起流通经济理论的基本分析框架。

夏春玉（2011）从经济学史的视角探寻了流通经济理论的踪迹，认为流通理论本身是存在的，只是众多涉及流通的理论并没有形成一个相对统一的概念和逻辑体系，流通理论研究的对象是商品、服务与交易组织，核心范畴是流通，流通理论建构更宜采众家之长。徐从才和丁宁（2013）基于科学研究纲领标准，从内核、保护带、启示法3个有机组成部分建构了流通经济理论的知识体系。何大安（2014）在西方产业组织理论基础上，结合中国流通产业现状提出了流通产业组织理论框架构建的思路和设计。

1.2.2.3 城乡统筹商贸发展研究

1）城乡商贸统筹发展内涵

梁云（2009）明确提出了城乡商贸统筹的内涵，其实质是城乡商贸结构的新安排，关键是打破城乡分割的二元体制，建立城乡互通的流通机制与制度，实现城市流通体系与农村流通体系的有机衔接和联动运行，核心是城乡商贸资源的统筹配置，重点是城乡市场的统筹发展，以城乡市场的一体化推动城乡间商品和服务、资源与要素的顺畅流动，使城乡资源通过市场的联结实现共享，实现城乡市场的开放和融合，充分发挥商贸流通的先导性作用，以贸促工、以贸促农、以城带乡、以乡促城，实现城乡互动发展。邹璇（2015）在此基础上，进一步指出城乡统筹还要不断增强城市对农村的带动作用和农村对城市的促进作用，实现城乡商贸双向流通，缩小城乡差距。实现城乡商贸双向流通，缩小城乡差距。

2）城乡商贸统筹制约因素

（1）收入差距。城乡收入差距通过影响城乡消费水平，成为影响城乡商贸统筹进程的最主要因素。梁云（2009）以重庆市为例，指出重庆市人均收入偏低与城乡居民收入差距制约了重庆城乡商贸统筹进程。魏婕和任保平（2011）指出城乡收入差距会产生两方面影响，一方面会限制农村现代商贸流通业的发展；另一方面会给全国城乡商贸流通一体化体系建设带来阻碍。刘杨（2015）认为城乡收入差距使城乡消费需求结构出现分化，而需求结构上的差异阻碍了城乡商贸统筹的进程。邹璇（2015）构建单边对数模型实证检验了影响区域城乡商贸统筹能力的主要因素，发现收入差距是影响城乡商贸统筹最重要的因素。

（2）机制体制。吴华安（2009）指出我国城乡分割的经济社会管理体制、国民收入分配不合理、农村投入资金不足、城乡商品流通体系不健全等问题，制约了城乡商贸统筹发展。汤向俊和任保平（2011）认为城乡分割的二元经济结构，城市化发展滞后，现代物流体系、连锁经营建设不足约束了城乡商贸统筹发展。

（3）流通体系。易开刚（2006）指出我国城乡商贸流通业发展不平衡现象非常严重，农村商贸流通体系严重滞后。蒋华江和宋瑛（2009）指出城乡统筹背景下重庆农村商贸体系建设滞后。

3）城乡商贸统筹模式

梁云（2009）结合城乡统筹发展理论和城乡商贸流通产业发展实践，提出可供参考的城乡商贸统筹发展模式选择集合，其中包括城乡市场网络化发展模式、小城镇商业发展模式、供应链网络连接模式、产业联动模式。

魏婕和任保平（2011）从西部地区的特殊性出发，探讨了适合西部地区经济发展的水平且功能分类的城乡双向流通模式。认为西部地区适合采用供应链空间链接模式，即在政府扶持下的零售企业主导的城乡双向流通供应链模式。

刘凯和俞富强（2012）从改善农村消费的视角探讨了城乡商贸统筹的发展模式，分别是改善农村消费品质的消费合作社模式、基于改善农产品流通效率的"企业+农户"模式、基于提升流通企业经营效益的连锁经营模式。

4）城乡商贸统筹实现路径

（1）构建城乡双向流通体系。吴华安（2011）基于重庆城乡统筹发展实践，构建了城乡商贸统筹与流通产业转型升级互动关系的一个理论框架，指出统筹城乡商贸流通的关键是要做好统筹城乡消费市场、统筹商贸流通设施、统筹商贸流通载体、统筹商贸流通主体、统筹商贸流通制度设计。

陈星宇等（2011）构建了城乡双向流通商贸服务体系框架，提出城乡双向流通商贸服务体系的目标，具体内容是发展多层次的商贸流通服务网络，完善科技服务种类；加强信息服务力度、发挥现代物流服务优势；深化金融服务强度，转变教育服务态度；发挥文化服务效应，强化法律服务作用。

朱楠和任保平（2012）探索了城乡双向流通体系中的信用体系构建问题，解释了信用体系在我国城乡商贸流通中缺失的成因，指出了城乡双向流动商贸流通中信用体系建设的途径。

蒋华江和宋瑛（2009）指出构建城乡双向流通商贸体系，一是构建多元化多层次的农村商贸市场主体，二是充分发挥城市商贸对农村商贸的带动作用，三是大力发展新兴业态并提升农村商贸发展水平，四是加快发展农村现代流通方式而促进流通现代化，五是充分发挥政府的主导作用。

（2）**繁荣农村流通体系**。易开刚（2006）指出农村现代化商贸流通体系由农村现代商业网点体系、农村现代物流体系和农村电子商务体系三部分组成，并分别具体阐述了这三部分的构建方法。高煜（2011）研究了农产品流通组织创新对城乡商贸统筹的推动作用，提出提高农民参与农产品流通市场的效率、降低流通组织市场垄断力量、支持流通市场创新发展，有利于推进城乡商贸统筹发展。张如意和张鸿（2011）从农村商贸流通主体的视角探讨了我国农村商贸流通体系建设问题，认为农村商贸流通主体的缺失制约了城乡商贸统筹，提出要在农产品、农资、农村日用品流通中，建立起以大型农资企业、连锁超市、农业合作社为核心的多元化流通主体，发展农村商贸流通体系。

2 三峡库区基本区情及"万开云"板块社会经济情况

2.1 三峡库区基本区情

按三峡工程移民安置规划及后续区划的调整，三峡库区是指受长江三峡工程淹没的地区，并有移民任务的 20 个县（市、区）。库区地处四川盆地与长江中下游平原的结合部，跨越鄂中山区峡谷及川东岭谷地带，北屏大巴山、南依云贵（川鄂）高原。峡谷地貌，相对独立的地理单元。三峡库区是中国地理上的一个相对较新的地名词，它包含了长江流域因三峡水电站的修建而被淹没的湖北省所辖的宜昌县（2001 年夷陵区）、秭归县、兴山县、恩施土家族苗族自治州所辖的巴东县；重庆市所辖的巫山县、巫溪县、奉节县、云阳县、开州区、万州区、忠县、丰都县、涪陵区、武隆县、石柱县、长寿县、渝北区、巴南区、江津区及重庆核心城区（包括渝中区、沙坪坝区、南岸区、九龙坡区、大渡口区和江北区）。以上 20 个行政区域就是三峡库区的地理范围。《重庆统计年鉴》在统计三峡工程重庆库区经济和社会发展情况时，未含重庆核心城区，只有 15 个区县。重庆库区有 8 个重点移民区县，即万州区、涪陵区、丰都县、忠县、开州区、云阳县、奉节县、巫山县。因此，本书中三峡库区研究范围主要指重庆库区涵盖的除重庆核心城区之外的 15 个区县。

由于各移民区县统计资料加总数据与重庆市统计局三峡工程重庆库区的统

计资料不相符，基于资料的准确性和可靠性，本书中所引用的三峡库区相关数据主要来源于《重庆统计年鉴》中的三峡工程重庆库区移民情况统计资料，并适当参考各区县统计年鉴及统计公报资料。基于数据的可得性，数据的选取时间范围为2007~2015年。

2.1.1 三峡库区经济发展概况

1）地区生产总值

2007年以来，三峡库区经济持续发展，地区生产总值由2007年的1477.25亿元增长到2015年的6206.90亿元，增长了约4.20倍。三峡库区生产总值占重庆生产总值的比重不断增加，由2007年的31.59%增长到2015年的39.49%，三峡库区对重庆经济发展的作用不断增强。在经济发展新常态下，虽然三峡库区GDP的增长速度呈逐年下降趋势，但三峡库区生产总值的增长速度仍高于同期重庆及全国生产总值的增长速度，呈现出较好的发展态势。三峡库区、重庆及全国生产总值及增长速度见表2.1。

表 2.1 三峡库区、重庆、全国 GDP 增长情况

年份	三峡库区 GDP/亿元	增速/%	重庆 GDP/亿元	增速/%	全国 GDP/亿元	增速/%	三峡库区 GDP 占重庆 GDP 比重/%
2007	1 477.25	—	4 676.13	—	268 019.4	—	31.59
2008	2 177.68	47.41	5 793.66	23.90	316 751.7	18.18	37.59
2009	2 498.37	14.73	6 530.01	12.71	345 629.2	9.12	38.26
2010	3 097.72	23.99	7 925.58	21.37	408 903.0	18.31	39.09
2011	4 000.11	29.13	10 011.37	26.32	484 123.5	18.40	39.96
2012	4 530.63	13.26	11 409.60	13.97	534 123.0	10.33	39.71
2013	5 062.21	11.73	12 656.69	10.93	588 018.8	10.09	40.00
2014	5 609.57	10.81	14 262.6	12.69	636 138.7	8.18	39.33
2015	6 206.90	10.65	15 717.27	10.20	676 707.8	6.38	39.49

资料来源：历年《重庆统计年鉴》《中国统计年鉴》

从人均地区生产总值来看，由表2.2可以看出，三峡库区人均GDP不断增加，由2007年的11 861元增长到2015年的47 123元，增长了约2.97倍。虽然三峡库区人均GDP增长速度高于同期重庆及全国人均GDP增长速度，但人均GDP仍低于同期重庆及全国人均GDP，因此，三峡库区经济增长速度虽然

较快，但总体经济发展仍处于落后水平。

表 2.2　三峡库区、重庆、全国人均 GDP 增长情况

年份	三峡库区		重庆		全国	
	人均 GDP/元	增速/%	人均 GDP/元	增速/%	人均 GDP/元	增速/%
2007	11 861	—	16 629	—	20 337	—
2008	17 354	46.31	20 490	23.22	23 912	17.58
2009	19 787	14.02	22 920	11.86	25 963	8.58
2010	24 050	21.54	27 596	20.40	30 567	17.73
2011	30 895	28.46	34 500	25.02	36 018	17.83
2012	34 890	12.93	38 914	12.79	39 544	9.79
2013	38 880	11.44	42 795	9.97	43 320	9.55
2014	42 849	10.21	47 850	11.81	46 629	7.64
2015	47 123	9.97	52 321	9.34	49 351	5.84

资料来源：历年《重庆统计年鉴》《中国统计年鉴》

2）三次产业产值

从表 2.3 可以看出，2007～2015 年，三峡库区三次产业产值总体呈现增长趋势。其中，2007～2011 年，第二产业的增长速度快于同期第一及第三产业增长速度，第二产业对经济增长的带动作用较大；2012 年以后，第三产业快速发展，增长速度远高于同期第一及第二产业的增长速度，第三产业对经济增长的引领作用不断增强。

表 2.3　三峡库区三次产业产值情况

年份	第一产业		第二产业		第三产业	
	产值/亿元	增速/%	产值/亿元	增速/%	产值/亿元	增速/%
2007	234.43	—	705.67	—	537.15	—
2008	279.65	19.29	1176.94	66.78	721.09	34.24
2009	295.56	5.69	1379.03	17.17	823.78	14.24
2010	332.80	12.60	1799.80	30.51	965.12	17.16
2011	411.24	23.57	2382.39	32.37	1206.48	25.01
2012	457.57	11.27	2543.54	6.76	1529.52	26.78
2013	489.98	7.08	2762.54	8.61	1809.69	18.32
2014	518.47	5.81	2809.02	1.68	2282.08	26.10
2015	561.81	8.36	3055.88	8.79	2589.21	13.46

资料来源：历年《重庆统计年鉴》

从三次产业结构看，如表2.4所示，三峡库区产业结构不断优化，三次产业结构由2007年的15.9∶47.8∶36.3调整为2015年的9.1∶49.2∶41.7。总体而言，第一产业占比不断减少，第二、第三产业占比不断增加，第二产业仍然是带动三峡库区经济增长的主要动力。

表2.4 三峡库区产业结构变化情况　　　　（单位：%）

年份	第一产业	第二产业	第三产业
2007	15.9	47.8	36.3
2008	12.8	54.0	33.2
2009	11.8	55.2	33.0
2010	10.7	58.1	31.2
2011	10.3	59.6	30.1
2012	10.1	56.2	33.8
2013	9.7	54.6	35.7
2014	9.2	50.1	40.7
2015	9.1	49.2	41.7

资料来源：历年《重庆统计年鉴》

3）固定资产投资

如表2.5所示，三峡库区固定资产投资由2007年的1257.36亿元增长到2015年的6337.57亿元，增长了约4.04倍。受宏观环境的影响，三峡库区固定资产投资增长速度总体呈下降趋势，但三峡库区固定资产投资占重庆固定资产投资的比重较为稳定，保持在40%左右。

表2.5 三峡库区、重庆固定资产投资情况

年份	三峡库区 数值/亿元	三峡库区 增速/%	重庆 数值/亿元	重庆 增速/%	三峡库区占重庆比重/%
2007	1 257.36	—	3 161.51	—	39.77
2008	1 669.43	32.77	4 045.25	27.95	41.27
2009	2 205.77	32.13	5 317.92	31.46	41.48
2010	2 860.77	29.69	6 934.80	30.40	41.25
2011	3 368.31	17.74	7 685.87	10.83	43.82
2012	3 853.47	14.40	9 380.00	22.04	41.08
2013	4 508.54	17.00	11 205.03	19.46	40.24
2014	5 394.50	19.65	13 223.75	18.02	40.79
2015	6 337.57	17.48	15 480.33	17.06	40.94

资料来源：历年《重庆统计年鉴》

从城乡结构看，如表 2.6 所示，三峡库区城镇固定资产投资由 2007 年的 1174.77 亿元增长到 2013 年的 3939.17 亿元，增长了约 2.4 倍，农村固定资产投资由 2007 年的 82.58 亿元增长到 2013 年的 569.37 亿元，增长了约 5.9 倍，农村固定资产投资增长速度远高于城镇固定资产投资增长速度。总体而言，三峡库区城镇固定资产投资占比逐年下降，农村固定资产投资占比不断增加，但固定资产投资中城镇占比仍很高，2013 年达到 87.37%，而农村仅占 12.63%，城乡二元结构明显。

表 2.6　三峡库区城乡固定资产投资情况

年份	固定资产投资总额/亿元	城镇 数值/亿元	城镇 占比/%	农村 数值/亿元	农村 占比/%
2007	1257.36	1174.77	93.43	82.58	6.57
2008	1669.43	1556.36	93.23	113.08	6.77
2009	2205.77	1777.58	80.59	428.19	19.41
2010	2860.77	2628.54	91.88	232.22	8.12
2011	3368.31	3098.18	91.98	270.14	8.02
2012	3853.47	3476.24	90.21	377.22	9.79
2013	4508.54	3939.17	87.37	569.37	12.63
2014	5394.50	—	—	—	—
2015	6337.57	—	—	—	—

注：2014~2015 年三峡库区固定资产投资额没有统计城镇和农村的固定资产投资额
资料来源：历年《重庆统计年鉴》

4）实际利用内资

表 2.7 反映了三峡库区实际利用内资情况。三峡库区实际利用内资由 2008 年的 312.51 亿元增长到 2015 年的 3426.10 亿元，增长了约 9.96 倍。总体而言，三峡库区实际利用内资增速放缓，但大部分年份仍高于同期重庆实际利用内资增长速度，且三峡库区实际利用内资占重庆比重不断增加，由 2008 年的 37.08% 增长到 2015 年的 40.16%。

表 2.7　三峡库区实际利用内资情况

年份	三峡库区 总值/亿元	三峡库区 增速/%	重庆 总值/亿元	重庆 增速/%	三峡库区占重庆比重/%
2007	—	—	430.03	—	—

续表

年份	三峡库区 总值/亿元	三峡库区 增速/%	重庆 总值/亿元	重庆 增速/%	三峡库区占重庆比重/%
2008	312.51		842.84	96.00	37.08
2009	570.87	82.67	1 468.02	74.18	38.89
2010	1 012.34	77.33	2 638.29	79.72	38.37
2011	1 889.53	86.65	4 919.84	86.48	38.41
2012	2 358.06	24.80	5 914.64	20.22	39.87
2013	2 363.52	0.23	6 007.20	1.56	39.34
2014	2 940.06	24.39	7 246.89	20.64	40.57
2015	3 426.10	16.53	8 530.13	17.71	40.16

资料来源：历年《重庆统计年鉴》

2.1.2 三峡库区社会发展概况

1）人口

采用年末常住人口反映三峡库区人口总体情况。如表2.8所示，三峡库区年末常住人口由2007年的1245.49万人增长到2015年的1317.18万人，其中，城镇人口由2007年的507.40万人增长到2015年的738.89万人，农村人口由2007年的738.09万人增长到2015年的578.29万人。从城乡结构看，城镇人口占比不断增加，由2007年的40.74%增加到2015年的56.10%，农村人口占比不断减少，由2007年的59.26%减少到2015年的43.90%，城市化水平不断提高，但仍低于同期重庆城市化水平。

表2.8 三峡库区年末常住人口情况

年份	年末常住人口/万人	城镇 数值/万人	城镇 占比/%	农村 数值/万人	农村 占比/%	重庆城市化率/%
2007	1245.49	507.40	40.74	738.09	59.26	48.30
2008	1254.89	535.78	42.70	719.11	57.30	50.00
2009	1262.64	562.32	44.54	700.32	55.46	51.60
2010	1288.04	615.90	47.82	672.14	52.18	53.00
2011	1294.73	643.70	49.72	651.03	50.28	55.00
2012	1298.53	670.96	51.67	627.57	48.33	57.00
2013	1302.01	691.98	53.10	610.03	46.85	58.30
2014	1309.16	714.76	54.60	594.40	45.40	59.60
2015	1317.18	738.89	56.10	578.29	43.90	60.90

资料来源：历年《重庆统计年鉴》

2）教育

选取学校数、专任教师数及在校学生数反映三峡库区教育发展情况。如表 2.9 所示，普通高等学校由 2007 年的 10 所增加到 2015 年的 21 所，占重庆普通高等学校数量的比重不断增加，由 2007 年的 26.32%增加到 2015 年的 32.81%；普通中学由 2007 年的 629 所减少到 2015 年的 551 所，占重庆普通高等学校数量的比重保持在 46%左右；小学由 2007 年的 4409 所减少到 2015 年的 2129 所，占重庆小学数量的比重呈下降趋势，由 2007 年的 55.18%减少到 2015 年的 51.06%。

表 2.9　三峡库区学校基本情况

年份	普通高等学校			普通中学			小学		
	库区/所	重庆/所	占比/%	库区/所	重庆/所	占比/%	库区/所	重庆/所	占比/%
2007	10	38	26.32	629	1361	46.22	4409	7990	55.18
2008	11	47	23.40	613	1325	46.26	4189	7575	55.30
2009	13	51	25.49	599	1304	45.94	4052	7096	57.10
2010	14	53	26.42	584	1273	45.88	3014	5544	54.37
2011	16	59	27.12	571	1259	45.35	2843	5248	54.17
2012	16	60	26.67	565	1231	45.90	2598	4810	54.01
2013	18	63	28.57	555	1200	46.25	2558	4728	54.10
2014	20	63	31.75	548	1179	46.48	2470	4586	53.86
2015	21	64	32.81	551	1167	47.22	2129	4170	51.06

资料来源：历年《重庆统计年鉴》

表 2.10 反映了三峡库区专任教师基本情况，普通高等学校专任教师数由 2007 年的 5468 人增加到 2015 年的 11 266 人，占重庆普通高等学校专任教师数量的比重不断增加，由 2007 年的 20.96%增加到 2015 年的 28.24%；普通中学专任教师数由 2007 年的 45 043 人增加到 2015 年的 51 139 人，占重庆普通高等学校专任教师数量的比重呈下降趋势，由 2007 年的 45.13%减少到 2015 年的 44.58%；小学专任教师数由 2007 年的 55 549 人减少到 2015 年的 53 952 人，占重庆小学专任教师数量的比重呈现波动变化特征，总体占比保持在 46%左右。

表 2.10　三峡库区专任教师基本情况

年份	普通高等学校			普通中学			小学		
	库区/人	重庆/人	占比/%	库区/人	重庆/人	占比/%	库区/人	重庆/人	占比/%
2007	5 468	26 089	20.96	45 043	99 807	45.13	55 549	119 831	46.36

续表

年份	普通高等学校			普通中学			小学		
	库区/人	重庆/人	占比/%	库区/人	重庆/人	占比/%	库区/人	重庆/人	占比/%
2008	5 811	28 398	20.46	46 155	103 111	44.76	54 293	119 161	45.56
2009	5 858	29 883	19.60	47 612	106 544	44.69	53 441	117 460	45.50
2010	6 516	31 070	20.97	48 672	109 303	44.53	53 113	116 057	45.76
2011	6 950	33 110	20.99	49 183	110 951	44.33	53 058	115 343	46.00
2012	7 795	35 744	21.81	49 838	112 452	44.32	52 512	114 036	46.05
2013	8 038	37 130	21.65	50 438	113 880	44.29	52 993	115 204	46.00
2014	10 346	38 944	26.57	50 505	114 076	44.27	53 167	116 360	45.69
2015	11 266	39 891	28.24	51 139	114 709	44.58	53 952	118 897	45.38

资料来源：历年《重庆统计年鉴》

由表2.11可以看出三峡库区在校学生的分布情况。总体而言，普通高等学校在校学生人数占比增加，普通中学及小学在校学生人数占比减少，受教育程度不断提高。其中，普通高等学校在校学生数由2007年的85 134人增加到2015年的217 377人，占重庆普通高等学校在校学生数的比重由2007年的19.10%增加到2015年的28.34%；普通中学在校学生数由2007年的856 303人减少到2015年的728 523人，占重庆普通中学在校学生数的比重呈现先下降后上升的趋势，总体占比保持在近46%；小学在校学生数由2007年的1 143 475人减少到2015年的914 926人，占重庆小学在校学生数的比重不断下降，由2007年的47.95%减少到2015年的44.13%。

表2.11 三峡库区在校学生人数基本情况

年份	普通高等学校			普通中学			小学		
	库区/人	重庆/人	占比/%	库区/人	重庆/人	占比/%	库区/人	重庆/人	占比/%
2007	85 134	445 800	19.10	856 303	1 834 364	46.68	1 143 475	2 384 527	47.95
2008	91 069	485 013	18.78	887 361	1 907 856	46.51	1 075 659	2 243 916	47.94
2009	88 507	523 279	16.91	884 829	1 920 158	46.08	977 667	2 081 367	46.97
2010	104 759	565 868	18.51	883 670	1 908 158	46.31	933 403	1 999 407	46.68
2011	119 198	613 026	19.44	850 847	1 838 917	46.27	904 141	1 954 818	46.25
2012	139 688	670 174	20.84	808 159	1 747 002	46.26	882 545	1 943 177	45.42
2013	154 941	707 610	21.90	778 437	1 678 976	46.36	894 981	1 989 128	44.99
2014	199 028	740 534	26.88	754 076	1 627 301	46.34	906 371	2 034 165	44.56
2015	217 377	767 114	28.34	728 523	1 583 562	46.01	914 926	2 073 320	44.13

资料来源：历年《重庆统计年鉴》

3）卫生

选取卫生机构数、卫生机构床位数及卫生技术人员数反映三峡库区卫生事业发展情况。如表 2.12 所示，三峡库区卫生机构数由 2007 年的 2650 个增加到 2015 年的 9382 个，增长了约 2.54 倍；卫生机构床位数由 2007 年的 26 311 张增加到 2015 年的 72 103 张，增长了约 1.74 倍；卫生技术人员由 2007 年的 31 392 人增加到 2015 年的 61 097 人，增长了约 95%，卫生医疗条件不断改善。

表 2.12　三峡库区卫生事业基本情况

年份	卫生机构数 总值/个	增速/%	卫生机构床位数 总值/张	增速/%	卫生技术人员 总值/人	增速/%
2007	2 650	—	26 311	—	31 392	—
2008	2 649	−0.04	30 837	17.20	32 671	4.07
2009	2 669	0.76	34 545	12.02	35 977	10.12
2010	2 958	10.83	40 103	16.09	40 605	12.86
2011	8 283	180.02	46 522	16.01	45 499	12.05
2012	8 449	2.00	52 690	13.26	49 687	9.20
2013	9 061	7.24	60 324	14.49	54 196	9.07
2014	8 915	−1.61	65 258	8.18	57 003	5.18
2015	9 382	5.24	72 103	10.49	61 097	7.18

资料来源：历年《重庆统计年鉴》

2.2　"万开云"板块社会经济情况

2.2.1　"万开云"板块经济社会发展概况

1）地区生产总值

表 2.13 反映了"万开云"板块地区生产总值增长情况。如表所示，2007 年以来，"万开云"板块地区生产总值不断增加，由 2007 年的 337.66 亿元增长到 2015 年的 1342.11 亿元，增长了约 2.97 倍。地区生产总值保持较快的增长速度，特别是 2011 年以后，地区生产总值增长速度快于同期三峡库区地区生产总值增长速度。地区生产总值占三峡库区地区生产总值的比重有所波动，呈先下降再上升再下降的趋势。

表 2.13 "万开云"板块 GDP 增长情况

年份	"万开云"板块 GDP/亿元	增速/%	人均 GDP/元	增速/%	三峡库区 GDP/亿元	增速/%	人均 GDP/元	增速/%	"万开云"板块 GDP 占三峡库区 GDP 比重/%
2007	337.66	—	9 173	—	1 477.25	—	11 861	—	22.86
2008	433.22	20.61	11 722	27.79	2 177.68	47.41	17 354	46.31	19.89
2009	584.09	11.41	15 741	34.29	2 498.37	14.73	19 787	14.02	23.38
2010	735.17	19.85	20 218	28.44	3 097.72	23.99	24 050	21.54	23.73
2011	931.65	32.40	25 566	26.45	4 000.11	29.13	30 895	28.46	23.29
2012	1 019.04	15.11	27 907	9.16	4 530.63	13.26	34 890	12.93	22.49
2013	1 117.84	16.31	30 552	9.48	5 062.21	11.73	38 880	11.44	22.08
2014	1 241.58	11.07	33 822	10.70	5 609.57	10.81	42 849	10.21	22.13
2015	1 342.11	8.10	36 523	7.99	6 206.90	10.65	47 123	9.97	21.62

资料来源：历年《重庆统计年鉴》

从人均地区生产总值看，"万开云"板块人均地区生产总值由 2007 年的 9 173 元增长到 2015 年的 36 523 元，增长了约 2.98 倍。虽然人均地区生产总值增速较快，但仍低于同期三峡库区人均地区生产总值水平，经济发展水平仍较为落后。

2）三次产业产值

从表 2.14 可以看出，"万开云"板块三次产业产值总体呈现增长趋势。第一产业产值由 2007 年的 65.63 亿元增加到 2015 年的 152.23 亿元，年均增长 11.09%；第二产业产值由 2007 年的 138.55 亿元增加到 2015 年的 656.25 亿元，年均增长 21.46%；第三产业产值由 2007 年的 133.47 亿元增加到 2015 年的 533.63 亿元，年均增长 18.91%，第二产业的增长速度快于第三产业和第一产业增长速度。从"万开云"板块三次产业占三峡库区三次产业比重来看，总体而言，第一产业和第二产业占比相对较为稳定，而第三产业占比呈先上升后下降的变化趋势，占比有所下降。

表 2.14 "万开云"板块三次产业产值情况

年份	"万开云"板块 第一产业/亿元	第二产业/亿元	第三产业/亿元	三峡库区 第一产业/亿元	第二产业/亿元	第三产业/亿元	"万开云"板块占三峡库区比重 第一产业/%	第二产业/%	第三产业/%
2007	65.63	138.55	133.47	234.43	705.67	537.15	28.00	19.63	24.85
2008	72.29	199.08	161.85	279.65	1176.94	721.09	25.85	16.92	22.45
2009	76.88	272.07	235.13	295.56	1379.03	823.78	26.01	19.73	28.54

续表

年份	"万开云"板块 第一产业/亿元	"万开云"板块 第二产业/亿元	"万开云"板块 第三产业/亿元	三峡库区 第一产业/亿元	三峡库区 第二产业/亿元	三峡库区 第三产业/亿元	"万开云"板块占三峡库区比重 第一产业/%	"万开云"板块占三峡库区比重 第二产业/%	"万开云"板块占三峡库区比重 第三产业/%
2010	86.83	364.36	283.98	332.80	1799.80	965.12	26.09	20.24	29.42
2011	108.74	478.44	344.48	411.24	2382.39	1206.48	26.44	20.08	28.55
2012	121.61	504.32	393.1	457.57	2543.54	1529.52	26.58	19.83	25.70
2013	132.64	553.23	431.96	489.98	2762.54	1809.69	27.07	20.03	23.87
2014	139.83	619.65	482.09	518.47	2809.02	2282.08	26.97	22.06	21.13
2015	152.23	656.25	533.63	561.81	3055.88	2589.21	27.10	21.47	20.61

资料来源：历年《重庆统计年鉴》

从三次产业增速看，如表 2.15 所示，除 2008 年和 2014 年外，"万开云"板块第一产业增长速度快于同期三峡库区第一产业增长速度，而第二产业和第三产业增长速度自 2011 年开始慢于同期三峡库区第二产业和第三产业增长速度（2013 年和 2014 年除外）。

表 2.15 "万开云"板块三次产业增速情况 （单位：%）

年份	"万开云"板块 第一产业	"万开云"板块 第二产业	"万开云"板块 第三产业	三峡库区 第一产业	三峡库区 第二产业	三峡库区 第三产业
2008	10.15	43.69	21.26	19.29	66.78	34.24
2009	6.35	36.66	45.28	5.69	17.17	14.24
2010	12.94	33.92	20.78	12.60	30.51	17.16
2011	25.23	31.31	21.30	23.57	32.37	25.01
2012	11.84	5.41	14.11	11.27	6.76	26.78
2013	9.07	9.70	9.89	7.08	8.61	18.32
2014	5.42	12.01	11.61	5.81	1.68	26.10
2015	8.87	5.91	10.69	8.36	8.79	13.46

资料来源：历年《重庆统计年鉴》

从三次产业结构看，如表 2.16 所示，"万开云"板块产业结构不断优化，三次产业结构由 2007 年的 19.44∶41.03∶39.53 调整为 2015 年的 11.34∶48.90∶39.76。总体而言，第一产业占比不断减少，第二产业占比不断增加，第三产业占比相对稳定，第二产业仍然是带动"万开云"板块经济增长的主要动力，第三产业对"万开云"板块经济发展的带动作用有限，落后于三峡库区的整体水平。

表 2.16 "万开云"板块三次产业结构情况 （单位：%）

年份	"万开云"板块			三峡库区		
	第一产业	第二产业	第三产业	第一产业	第二产业	第三产业
2007	19.44	41.03	39.53	15.9	47.8	36.3
2008	16.69	45.95	37.36	12.8	54.0	33.2
2009	13.16	46.58	40.26	11.8	55.2	33.0
2010	11.81	49.56	38.63	10.7	58.1	31.2
2011	11.67	51.35	36.98	10.3	59.6	30.1
2012	11.93	49.49	38.58	10.1	56.1	33.8
2013	11.87	49.49	38.64	9.7	54.6	35.7
2014	11.26	49.91	38.83	9.2	50.1	40.7
2015	11.34	48.90	39.76	9.1	49.2	41.7

资料来源：历年《重庆统计年鉴》

3）固定资产投资

"万开云"板块固定资产投资不断增加，如表 2.17 所示，由 2007 年的 237.86 亿元增长到 2015 年的 1324.31 亿元，年均增长 23.94%。固定资产投资增速较快，高于同期三峡库区固定资产投资增长速度，且占三峡库区固定资产投资总额的比重不断增加，由 2007 年的 18.92%增加到 2015 年的 20.90%。

表 2.17 "万开云"板块固定资产投资情况

年份	"万开云"板块		三峡库区		"万开云"板块占三峡库区比重/%
	数值/亿元	增速/%	数值/亿元	增速/%	
2007	237.86	—	1257.36	—	18.92
2008	335.20	40.92	1669.43	32.77	20.08
2009	446.04	33.07	2205.77	32.13	20.22
2010	578.51	29.70	2860.77	29.69	20.22
2011	605.94	4.74	3368.31	17.74	17.99
2012	759.31	25.31	3853.47	14.40	19.70
2013	934.74	23.10	4508.54	17.00	20.73
2014	1120.75	19.90	5394.50	19.65	20.78
2015	1324.31	18.16	6337.57	17.48	20.90

资料来源：历年《重庆统计年鉴》

4）实际利用内资

表 2.18 反映了"万开云"板块实际利用内资情况。"万开云"板块实际利用内资由 2007 年的 46.30 亿元增长到 2015 年的 707.96 亿元，增长了约 14.29

倍，年均增长40.62%，而三峡库区2008~2015年均增速为40.79%，"万开云"板块实际利用内资增速基本与三峡库区增速持平，但"万开云"板块实际利用内资占三峡库区实际利用内资的比重呈增加态势，由2008年的19.33%增长到2015年的20.66%。

表2.18 "万开云"板块实际利用内资情况

年份	"万开云"板块 总值/亿元	"万开云"板块 增速/%	三峡库区 总值/亿元	三峡库区 增速/%	"万开云"板块占三峡库区比重/%
2007	46.3	—	—	—	—
2008	60.4	30.45	312.51	—	19.33
2009	83.86	38.84	570.87	82.67	14.69
2010	138.64	65.32	1012.34	77.33	13.70
2011	347.02	150.30	1889.53	86.65	18.37
2012	497.63	43.40	2358.06	24.80	21.10
2013	535.97	7.70	2363.52	0.23	22.68
2014	625.87	16.77	2940.06	24.39	21.29
2015	707.96	13.12	3426.10	16.53	20.66

资料来源：历年《重庆统计年鉴》

5) 人口

采用年末常住人口反映"万开云"板块人口总体情况。如表2.19所示，"万开云"板块年末常住人口由2007年的368.11万人减少为2015年的367.47万人，其中，城镇人口由2007年的136.71万人增长到2015年的186.44万人，农村人口由2007年的231.40万人减少为2015年的181.03万人。从城乡结构看，城镇人口比重不断增加，由2007年的37.14%增加到2015年的50.74%，农村人口占比不断减少，由2007年的62.86%减少到2015年的49.26%。城市化水平不断提高，但仍低于同期三峡库区城市化水平。

表2.19 "万开云"板块年末常住人口情况

年份	年末常住人口/万人	城镇 数值/万人	城镇 占比/%	农村 数值/万人	农村 占比/%	三峡库区城市化率/%
2007	368.11	136.71	37.14	231.40	62.86	40.74
2008	369.57	143.78	38.90	225.79	61.10	42.70
2009	371.06	150.67	40.61	220.39	59.39	44.54
2010	363.63	156.97	43.17	206.66	56.83	47.82
2011	364.41	163.56	44.88	200.85	55.12	49.72

续表

年份	年末常住人口/万人	城镇 数值/万人	城镇 占比/%	农村 数值/万人	农村 占比/%	三峡库区城市化率/%
2012	365.16	170.42	46.67	194.74	53.33	51.67
2013	365.88	175.78	48.04	190.10	51.96	53.15
2014	367.09	181.57	49.46	185.52	50.54	54.60
2015	367.47	186.44	50.74	181.03	49.26	56.10

资料来源：历年《重庆统计年鉴》

6）教育

由表2.20可以看出"万开云"板块普通中学学校数量由2007年的192所减少到2015年的175所，占三峡库区普通中学数量的比重保持在31%左右，略呈上升趋势；小学由2007年的1431所减少到2015年的640所，占三峡库区小学数量的比重总体呈下降趋势，由2007年的32.46%减少到2015年的30.06%。

表2.20 "万开云"板块学校基本情况

年份	普通中学 "万开云"板块/所	普通中学 三峡库区/所	普通中学 占比/%	小学 "万开云"板块/所	小学 三峡库区/所	小学 占比/%
2007	192	629	30.52	1431	4409	32.46
2008	186	613	30.34	1380	4189	32.94
2009	181	599	30.22	1357	4052	33.49
2010	175	584	29.97	1019	3014	33.81
2011	175	571	30.65	970	2843	34.12
2012	173	565	30.62	799	2598	30.75
2013	169	555	30.45	743	2558	29.05
2014	175	548	31.93	716	2470	28.99
2015	175	551	31.76	640	2129	30.06

资料来源：历年《重庆统计年鉴》

表2.21反映了"万开云"板块专任教师基本情况，如表所示，普通中学专任教师数由2007年的13 042人增加到2015年的15 785人，占三峡库区普通中学专任教师数量的比重不断增加，由2007年的28.95%增加到2015年的30.87%；小学专任教师数由2007年的17 055人减少到2015年的15 085人，占三峡库区小学专任教师数量的比重不断下降，由2007年的30.70%减少到

2015年的27.96%。

表2.21 "万开云"板块专任教师基本情况

年份	普通中学 "万开云"板块/人	三峡库区/人	占比/%	小学 "万开云"板块/人	三峡库区/人	占比/%
2007	13 042	45 043	28.95	17 055	55 549	30.70
2008	13 592	46 155	29.45	16 478	54 293	30.35
2009	14 242	47 612	29.91	16 044	53 441	30.02
2010	14 600	48 672	30.00	15 659	53 113	29.48
2011	14 745	49 183	29.98	15 752	53 058	29.69
2012	15 273	49 838	30.65	15 388	52 512	29.30
2013	15 540	50 438	30.81	15 241	52 993	28.76
2014	15 721	50 505	31.13	15 086	53 167	28.37
2015	15 785	51 139	30.87	15 085	53 952	27.96

资料来源：历年《重庆统计年鉴》

表2.22反映了"万开云"板块在校学生的分布情况。总体而言，"万开云"板块在校学生人数不断减少，其中，普通中学在校学生数由2007年的286 327人减少到2015年的242 067人，占三峡库区普通中学在校学生数的比重相对稳定，占比保持在34%左右；小学在校学生数由2007年的389 699人减少到2015年的261 496人，占三峡库区小学在校学生数的比重不断下降，由2007年的34.08%减少到2015年的28.58%。

表2.22 "万开云"板块在校学生人数基本情况

年份	普通中学 "万开云"板块/人	三峡库区/人	占比/%	小学 "万开云"板块/人	三峡库区/人	占比/%
2007	286 327	856 303	33.44	389 699	1 143 475	34.08
2008	296 425	887 361	33.41	361 417	1 075 659	33.60
2009	297 185	884 829	33.59	330 741	977 667	33.83
2010	301 665	883 670	34.14	312 916	933 403	33.52
2011	292 385	850 847	34.36	291 834	904 141	32.28
2012	272 956	808 159	33.78	267 458	882 545	30.31
2013	264 103	778 437	33.93	262 715	894 981	29.35
2014	253 260	754 076	33.59	261 617	906 371	28.86
2015	242 067	728 523	33.23	261 496	914 926	28.58

资料来源：历年《重庆统计年鉴》

7）卫生

表 2.23 反映了"万开云"板块卫生事业发展情况。"万开云"板块卫生机构数由 2007 年的 834 个增加到 2015 年的 2600 个，增长了约 2.12 倍，占三峡库区卫生机构数比重呈先上升后下降的趋势；卫生机构床位数由 2007 年的 7614 张增加到 2015 年的 21 910 张，增长了 1.88 倍，占三峡库区卫生机构床位数比重由 2007 年的 28.94%增加到 2015 年的 30.39%；卫生技术人员由 2007 年的 9590 人增加到 2015 年的 18 455 人，增长了约 92%，占三峡库区卫生技术人员比重呈先上升后下降的变化趋势，由 2007 年的 30.55%降低为 2015 年的 30.21%。

表 2.23 "万开云"板块卫生事业基本情况

年份	卫生机构数			卫生机构床位数			卫生技术人员		
	"万开云"板块/个	三峡库区/个	占比/%	"万开云"板块/人	三峡库区/人	占比/%	"万开云"板块/人	三峡库区/人	占比/%
2007	834	2 650	31.47	7 614	26 311	28.94	9 590	31 392	30.55
2008	932	2 649	35.18	9 097	30 837	29.50	10 225	32 671	31.30
2009	909	2 669	34.06	8 612	34 545	24.93	9 701	35 977	26.96
2010	1 007	2 958	34.04	12 046	40 103	30.04	12 794	40 605	31.51
2011	2 375	8 283	28.67	14 380	46 522	30.91	14 737	45 499	32.39
2012	2 308	8 449	27.32	16 067	52 690	30.49	16 143	49 687	32.49
2013	2 558	9 061	28.23	20 044	60 324	33.23	17 446	54 196	32.19
2014	2 574	8 915	28.87	21 378	65 258	32.76	18 307	57 003	32.12
2015	2 600	9 382	27.71	21 910	72 103	30.39	18 455	61 097	30.21

资料来源：历年《重庆统计年鉴》

2.2.2 "万开云"板块经济社会发展比较分析

1）地区生产总值

分区县看，如表 2.24 所示，万州区地区生产总值由 2007 年的 190.48 亿元增长到 2015 年的 828.22 亿元，增长了约 4.35 倍；开州区地区生产总值由 2007 年的 91.47 亿元增长到 2015 年的 325.98 亿元，增长了约 3.56 倍；云阳县地区生产总值由 2007 年的 55.71 亿元增长到 2015 年的 187.91 亿元，增长了约 3.37 倍。总体而言，"万开云"板块两区一县经济增长速度有所放缓，2007~2010 年万州区经济增长速度快于开州区和云阳县，并快于"万开云"板块和三峡库区整体经济增长速度，对于带动"万开云"板块和三峡库区的经济增长起到重要的引领作用，但2011年后，万州区经济增长速度减缓，经济增长速度低于开州区和云阳县，并低于"万开云"板块和三峡库区整体经济增长水平，开州区和云阳县成为引领"万开云"板块和三峡库区经济增长的重要支撑。

表2.24 "万开云"板块GDP增长情况

年份	万州区 GDP/亿元	增速/%	开州区 GDP/亿元	增速/%	云阳县 GDP/亿元	增速/%
2007	190.48	—	91.47	—	55.71	—
2008	256.06	34.43	110.68	21.00	66.48	19.33
2009	386.45	50.92	123.03	11.16	74.61	12.23
2010	500.13	29.42	149.28	21.34	85.76	14.94
2011	622.59	24.49	199.78	33.83	109.28	27.43
2012	662.86	6.47	229.55	14.90	126.63	15.88
2013	702.03	5.91	265.47	15.65	150.34	18.72
2014	771.22	9.86	300.17	13.07	170.19	13.20
2015	828.22	7.39	325.98	8.60	187.91	10.41

资料来源：历年《重庆统计年鉴》

由表2.25可以看出，2007年以来，"万开云"板块中，万州区地区生产总值占"万开云"板块地区生产总值的比重均超过了55%，是"万开云"板块经济发展的重要支撑。总体而言，以2011年为拐点，万州区地区生产总值呈先上升后下降的变化趋势，由2007年的56.41%增加到2015年的61.71%；同期云阳县和开州区地区生产总值占"万开云"板块地区生产总值的比重则呈先下降后上升的趋势，开州区地区生产总值占"万开云"板块地区生产总值的比重由2007年的27.09%减少到2015年的24.29%，云阳县地区生产总值占"万开云"板块地区生产总值的比重由2007年的16.50%减少到2015年的14.00%。同时，由表2.25还可以看出，"万开云"板块中，万州区对三峡库区经济发展的作用也远远大于开州区和云阳县。

表2.25 "万开云"板块GDP占比情况　　（单位：%）

年份	万州区 占"万开云"板块比重	占库区比重	开州区 占"万开云"板块比重	占库区比重	云阳县 占"万开云"板块比重	占库区比重
2007	56.41	12.89	27.09	6.19	16.50	3.77

续表

年份	万州区 占"万开云"板块比重	占库区比重	开州区 占"万开云"板块比重	占库区比重	云阳县 占"万开云"板块比重	占库区比重
2008	59.11	11.76	25.55	5.08	15.35	3.05
2009	66.16	15.47	21.06	4.92	12.77	2.99
2010	68.03	16.15	20.31	4.82	11.67	2.77
2011	66.83	15.56	21.44	4.99	11.73	2.73
2012	65.05	14.63	22.53	5.07	12.43	2.79
2013	62.80	13.87	23.75	5.24	13.45	2.97
2014	62.12	13.75	24.18	5.35	13.71	3.03
2015	61.71	13.34	24.29	5.25	14.00	3.03

资料来源：历年《重庆统计年鉴》

从人均地区生产总值看，如表 2.26 所示，"万开云"板块中，万州区人均地区生产总值高于同期"万开云"板块和三峡库区人均地区生产总值，而云阳县和开州区人均地区生产总值则低于同期"万开云"板块和三峡库区人均地区生产总值。其中，万州区人均地区生产总值由 2007 年的 12 547 元增长到 2015 年的 51 570 元，增长了约 3.11 倍；开州区人均地区生产总值由 2007 年的 7923 元增长到 2015 年的 27 882 元，增长了 2.52 倍；云阳县人均地区生产总值由 2007 年的 5500 元增长到 2015 年的 20 934 元，增长了约 2.81 倍。从增长速度来看，两区一县人均地区生产总值增长速度呈现与地区生产总值增长速度相同的变化趋势，2011 年以前，万州区人均地区生产总值增长速度快于开州区、云阳县及"万开云"板块、三峡库区人均地区生产总值增长速度，成为促进"万开云"板块、三峡库区人均地区生产总值增长的重要带动力量，而 2011 年以后，开州区和云阳县人均地区生产总值增长速度则快于同期万州区及"万开云"板块、三峡库区人均地区生产总值增长速度。

表 2.26 "万开云"板块人均 GDP 情况

年份	万州区 人均GDP/元	增速/%	开州区 人均GDP/元	增速/%	云阳县 人均GDP/元	增速/%
2007	12 547	—	7 923	—	5 500	—
2008	16 778	33.72	9 610	21.29	6 579	19.62
2009	25 132	49.79	10 668	11.01	7 370	12.02
2010	31 996	27.31	12 866	20.60	9 395	27.48
2011	39 715	24.12	17 214	33.79	11 983	27.55

续表

年份	万州区		开州区		云阳县	
	人均 GDP/元	增速/%	人均 GDP/元	增速/%	人均 GDP/元	增速/%
2012	42 016	5.79	19 768	14.84	13 930	16.25
2013	44 174	5.14	22 851	15.60	16 627	19.36
2014	48 201	9.12	25 771	12.78	18 908	13.72
2015	51 570	6.99	27 882	8.19	20 934	10.72

资料来源：历年《重庆统计年鉴》

2）三次产业产值

从各区县看，如表 2.27 所示，"万开云"板块三次产业产值均不断增加。万州区第一产业产值由 2007 年的 24.94 亿元增加到 2015 年的 59.62 亿元，年均增长 11.51%；第二产业产值由 2007 年的 82.54 亿元增加到 2015 年的 409.59 亿元，年均增长 22.17%；第三产业产值由 2007 年的 83.00 亿元增加到 2015 年的 359.01 亿元，年均增长 20.09%。开州区第一产业产值由 2007 年的 22.95 亿元增加到 2015 年的 52.53 亿元，年均增长 10.91%；第二产业产值由 2007 年的 38.38 亿元增加到 2015 年的 165.14 亿元，年均增长 20.01%；第三产业产值由 2007 年的 30.14 亿元增加到 2015 年的 108.31 亿元，年均增长 17.34%。云阳县第一产业产值由 2007 年的 17.74 亿元增加到 2015 年的 40.08 亿元，年均增长 10.73%；第二产业产值由 2007 年的 17.63 亿元增加到 2015 年的 81.52 亿元，年均增长 21.10%；第三产业产值由 2007 年的 20.33 亿元增加到 2015 年的 66.31 亿元，年均增长 15.93%。由此可见，"万开云"板块第二产业的增长速度均快于第三产业和第一产业增长速度，除了万州区三次产业年均增长速度均快于"万开云"板块三次产业年均增长速度，开州区和云阳县三次产业年均增长速度均慢于"万开云"板块三次产业年均增长速度。

表 2.27 "万开云"板块三次产业产值情况 （单位：亿元）

年份	万州区			开州区			云阳县		
	第一产业	第二产业	第三产业	第一产业	第二产业	第三产业	第一产业	第二产业	第三产业
2007	24.94	82.54	83.00	22.95	38.38	30.14	17.74	17.63	20.33
2008	28.20	126.70	101.16	25.33	49.03	36.32	18.76	23.35	24.37
2009	29.89	197.97	158.59	26.70	50.94	45.38	20.29	23.16	31.16
2010	33.87	273.73	192.53	30.14	64.63	54.51	22.82	26.00	36.95
2011	42.34	351.17	229.09	37.60	90.08	72.10	28.80	37.19	43.29
2012	47.48	351.62	263.76	42.10	105.99	81.46	32.03	46.71	47.88

续表

年份	万州区			开州区			云阳县		
	第一产业	第二产业	第三产业	第一产业	第二产业	第三产业	第一产业	第二产业	第三产业
2013	51.82	361.71	288.50	45.85	131.31	88.31	34.97	60.21	55.16
2014	54.77	392.05	324.40	48.32	153.97	97.88	36.74	73.63	59.81
2015	59.62	409.59	359.01	52.53	165.14	108.31	40.08	81.52	66.31

资料来源：历年《重庆统计年鉴》

由表 2.28 可以看出，"万开云"板块第二产业的增长速度均快于第一产业和第三产业。总体而言，万州区第一产业和第三产业的增长速度快于同期其他两县的增长速度，而第二产业的增长速度自 2011 年开始慢于同期其他两县的增长速度。

表 2.28　"万开云"板块三次产业增速情况　　（单位：%）

年份	万州区			开州区			云阳县		
	第一产业	第二产业	第三产业	第一产业	第二产业	第三产业	第一产业	第二产业	第三产业
2008	13.07	53.50	21.88	10.37	27.75	20.50	5.75	32.44	19.87
2009	5.99	56.25	56.77	5.41	3.90	24.94	8.16	−0.81	27.86
2010	13.32	38.27	21.40	12.88	26.87	20.12	12.47	12.26	18.58
2011	25.01	28.29	18.99	24.75	39.38	32.27	26.21	43.04	17.16
2012	12.14	0.13	15.13	11.97	17.66	12.98	11.22	25.60	10.60
2013	9.14	2.87	9.38	8.91	23.89	8.41	9.18	28.90	15.20
2014	5.69	8.39	12.44	5.39	17.26	10.84	5.06	22.29	8.43
2015	8.86	4.47	10.67	8.71	7.25	10.66	9.09	10.72	10.87

资料来源：历年《重庆统计年鉴》

表 2.29 反映了万州区、开州区和云阳县三次产业产值占"万开云"板块三次产业产值的比重。万州区三次产业产值在"万开云"板块三次产业产值中所占比重均较高，第一产业占比 40% 左右，第二产业占比 70% 左右，第三产业占比 65% 左右，开州区排名第二，云阳县三次产业产值占比均处于较低水平。

表 2.29　万州区、开州区和云阳县三次产业产值占"万开云"板块
三次产业产值比重情况　　（单位：%）

年份	万州区			开州区			云阳县		
	第一产业	第二产业	第三产业	第一产业	第二产业	第三产业	第一产业	第二产业	第三产业
2007	38.00	59.57	62.19	34.97	27.70	22.58	27.03	12.72	15.23
2008	39.01	63.64	62.50	35.04	24.63	22.44	25.95	11.73	15.06

续表

年份	万州区			开州区			云阳县		
	第一产业	第二产业	第三产业	第一产业	第二产业	第三产业	第一产业	第二产业	第三产业
2009	38.88	72.76	67.45	34.73	18.72	19.30	26.39	8.51	13.25
2010	39.01	75.13	67.79	34.71	17.74	19.20	26.28	7.14	13.01
2011	38.94	73.40	66.50	34.58	18.83	20.93	26.49	7.77	12.57
2012	21.96	71.81	67.30	19.47	21.65	20.78	58.57	6.54	11.92
2013	39.07	65.38	66.79	34.57	23.74	20.44	26.36	10.88	12.77
2014	39.17	63.27	67.29	34.56	24.85	20.30	26.27	11.88	12.41
2015	39.16	62.41	67.28	34.51	25.16	20.30	26.33	12.42	12.43

资料来源：历年《重庆统计年鉴》

"万开云"板块三次产业结构不断优化。如表2.30所示，万州区三次产业结构由2007年的13.09∶43.33∶43.57调整为2015年的7.20∶49.45∶43.35，第二产业占比50%左右，成为万州区经济发展的主要组成部分；开州区三次产业结构由2007年的25.09∶41.96∶32.95调整为2015年的16.11∶50.66∶33.23，第一产业比重不断下降，第二、第三产业比重不断上升，第二产业占比超过50%，仍然是开州区经济发展的核心组成部分；云阳县三次产业结构由2007年的31.85∶31.65∶36.50调整为2015年的21.33∶43.38∶35.29，第一产业比重不断下降，第二产业比重不断上升，第三产业占比相对稳定，第二产业成为云阳县经济发展的主要组成部分。由此可见，尽管"万开云"板块三次产业结构有所优化，但第二产业仍然是地区经济发展的核心，产业结构仍需不断调整和优化。

表2.30　"万开云"板块三次产业结构情况　（单位：亿元）

年份	万州区			开州区			云阳县		
	第一产业	第二产业	第三产业	第一产业	第二产业	第三产业	第一产业	第二产业	第三产业
2007	13.09	43.33	43.57	25.09	41.96	32.95	31.85	31.65	36.50
2008	11.01	49.48	39.51	22.89	44.30	32.82	28.22	35.12	36.66
2009	7.73	51.23	41.04	21.70	41.41	36.89	27.19	31.04	41.76
2010	6.77	54.73	38.50	20.19	43.29	36.52	26.61	30.31	43.08
2011	6.80	56.40	36.80	18.82	45.09	36.09	26.35	34.03	39.61
2012	7.16	53.05	39.79	18.34	46.17	35.49	25.30	36.89	37.81
2013	7.38	51.52	41.10	17.27	49.46	33.27	23.26	40.05	36.69
2014	7.10	50.84	42.06	16.10	51.29	32.61	21.59	43.27	35.15
2015	7.20	49.45	43.35	16.11	50.66	33.23	21.33	43.38	35.29

资料来源：历年《重庆统计年鉴》

3) 固定资产投资

如表 2.31 所示，万州区固定资产投资占"万开云"板块固定资产投资总额比重最大，达 50% 以上，开州区次之，云阳县所占比重最低。万州区固定资产投资由 2007 年的 128.19 亿元增长到 2015 年的 725.09 亿元，年均增长 24.18%，增长速度快于"万开云"板块年均增长速度；开州区固定资产投资由 2007 年的 64.43 亿元增长到 2015 年的 358.59 亿元，年均增长 23.93%，增长速度与"万开云"板块年均增长速度基本持平；云阳县固定资产投资由 2007 年的 45.24 亿元增长到 2015 年的 240.63 亿元，年均增长 23.23%，增速低于"万开云"板块年均增长速度。

表 2.31 "万开云"板块固定资产投资情况

年份	万州区 数值/亿元	万州区 增速/%	万州区 占比/%	开州区 数值/亿元	开州区 增速/%	开州区 占比/%	云阳县 数值/亿元	云阳县 增速/%	云阳县 占比/%
2007	128.19	—	53.89	64.43	—	27.09	45.24	—	19.02
2008	198.08	54.52	59.09	76.87	19.31	22.93	60.25	33.20	17.97
2009	272.40	37.52	61.07	88.52	15.16	19.85	85.12	41.27	19.08
2010	342.00	25.55	59.12	121.27	36.99	20.96	115.24	35.39	19.92
2011	341.01	−0.29	56.28	145.29	19.81	23.98	119.64	3.82	19.74
2012	410.42	20.36	54.05	203.52	40.08	26.80	145.37	21.51	19.15
2013	507.62	23.68	54.31	255.99	25.78	27.39	171.13	17.72	18.31
2014	612.06	20.57	54.61	307.52	20.13	27.44	201.17	17.55	17.95
2015	725.09	18.47	54.75	358.59	16.61	27.08	240.63	19.62	18.17

资料来源：历年《重庆统计年鉴》

4) 实际利用内资

如表 2.32 所示，2007~2010 年，开州区实际利用内资占"万开云"板块实际利用内资总额比重较大，2011 年以后，万州区实际利用内资占"万开云"板块实际利用内资总额不断增加，占比超过开州区，而云阳县实际利用内资占比一直处于较低水平。具体而言，万州区实际利用内资由 2007 年的 20.41 亿元增长到 2015 年的 307.47 亿元，年均增长 40.36%；开州区实际利用内资由 2007 年的 22.53 亿元增长到 2015 年的 217.99 亿元，年均增长 32.80%；云阳县实际利用内资由 2007 年的 3.36 亿元增长到 2015 年的 182.50 亿元，年均增长 64.77%，增长速度远超过同期"万开云"板块和三峡库区实际利用内资增速。

表 2.32 "万开云"板块实际利用内资情况

年份	万州区 数值/亿元	增速/%	占比/%	开州区 数值/亿元	增速/%	占比/%	云阳县 数值/亿元	增速/%	占比/%
2007	20.41	—	44.08	22.53	—	48.66	3.36	—	7.26
2008	26.52	29.94	43.91	29.45	30.71	48.76	4.43	31.85	7.33
2009	34.62	30.54	41.28	38.53	30.83	45.95	10.71	141.76	12.77
2010	49.96	44.31	36.04	51.15	32.75	36.89	37.53	250.42	27.07
2011	161.61	223.48	46.57	86.81	69.72	25.02	98.60	162.72	28.41
2012	232.88	44.10	46.80	145.89	68.06	29.32	118.86	20.55	23.89
2013	241.66	3.77	45.09	170.57	16.92	31.82	123.74	4.11	23.09
2014	270.53	11.95	43.22	194.39	13.96	31.06	160.95	30.07	25.72
2015	307.47	13.65	43.43	217.99	12.14	30.79	182.50	13.39	25.78

资料来源：历年《重庆统计年鉴》

5）人口

如表 2.33 所示，万州区年末常住人口由 2007 年的 151.91 万人增长到 2015 年的 160.74 万人；开州区年末常住人口由 2007 年的 115.19 万人增长到 2015 年的 117.07 万人；云阳县年末常住人口由 2007 年的 101.01 万人减少到 2015 年的 89.66 万人。万州区人口在"万开云"板块人口中占比最高，比重达到 40% 以上且呈逐年增加的趋势，开州区次之，云阳县不仅人口占比较少，人口数量也不断减少，且占"万开云"板块人口比重逐年减少，人口外流现象较为严重。

表 2.33 "万开云"板块人口情况

年份	万州区 总值/万人	占比/%	开州区 总值/万人	占比/%	云阳县 总值/万人	占比/%
2007	151.91	41.27	115.19	31.29	101.01	27.44
2008	153.32	41.49	115.16	31.16	101.09	27.35
2009	154.22	41.56	115.48	31.12	101.36	27.32
2010	156.31	42.99	116.03	31.91	91.29	25.11
2011	157.22	43.14	116.08	31.85	91.11	25.00
2012	158.31	43.35	116.16	31.81	90.69	24.84
2013	159.54	43.60	116.19	31.76	90.15	24.64
2014	160.46	43.71	116.76	31.81	89.87	24.48
2015	160.74	43.74	117.07	31.86	89.66	24.40

资料来源：历年《重庆统计年鉴》

从城乡结构看，如表 2.34 所示，"万开云"板块均呈现城镇人口数量不断增加、占比不断提高、农村人口数量不断减少、占比不断下降的趋势。具体而言，万州区城镇人口由2007年的74.67万人增加到2015年的100.24万人，城镇人口占比由2007年的49.15%增加到2015年的62.36%，农村人口由2007年的77.24万人减少到2015年的60.50万人，农村人口占比由2007年的50.85%减少到2015年的37.64%；开州区城镇人口由2007年的34.85万人增加到2015年的50.83万人，城镇人口占比由2007年的30.25%增加到2015年的43.42%，农村人口由2007年的80.34万人减少到2015年的66.24万人，农村人口占比由2007年的69.75%减少到2015年的56.58%。云阳县城镇人口由2007年的27.19万人增加到2015年的35.37万人，城镇人口占比由2007年的26.92%增加到2015年的39.45%，农村人口由2007年的73.82万人减少到2015年的54.29万人，农村人口占比由2007年的73.08%减少到2015年的60.55%；

表2.34 "万开云"板块城乡人口结构情况

年份	万州区 城镇 数值/万人	占比/%	农村 数值/万人	占比/%	开州区 城镇 数值/万人	占比/%	农村 数值/万人	占比/%	云阳县 城镇 数值/万人	占比/%	农村 数值/万人	占比/%
2007	74.67	49.15	77.24	50.85	34.85	30.25	80.34	69.75	27.19	26.92	73.82	73.08
2008	78.22	51.02	75.1	48.98	36.85	32.00	78.31	68.00	28.71	28.40	72.38	71.60
2009	81.51	52.85	72.71	47.15	38.80	33.60	76.68	66.40	30.36	29.95	71.00	70.05
2010	85.97	55.00	70.34	45.00	41.64	35.89	74.39	64.11	29.36	32.16	61.93	67.84
2011	89.24	56.76	67.98	43.24	43.54	37.51	72.54	62.49	30.78	33.78	60.33	66.22
2012	92.60	58.49	65.71	41.51	45.60	39.26	70.56	60.74	32.22	35.53	58.47	64.47
2013	95.34	59.76	64.20	40.24	47.28	40.69	68.91	59.31	33.16	36.78	56.99	63.22
2014	98.06	61.11	62.40	38.89	49.20	42.14	67.67	57.86	34.31	38.18	55.56	61.82
2015	100.24	62.36	60.50	37.64	50.83	43.42	66.24	56.58	35.37	39.45	54.29	60.55

资料来源：历年《重庆统计年鉴》

从城市化率看，如表2.35所示，万州区城市化率由2007年的49.15%提高到2015年的62.36%，城市化程度在"万开云"板块两区一县处于最高水平，且高于同期"万开云"板块及三峡库区城市化水平；开州区城市化率由2007年的30.25%提高到2015年的43.42%，低于同期"万开云"板块及三峡库区城市化水平；云阳县城市化率由2007年的26.92%提高到2015年的39.45%，城市化程度在"万开云"板块处于最低水平，且远低于同期"万开云"板块及三峡库区城市化水平。

表 2.35 "万开云"板块城市化率变化情况 （单位：%）

年份	万州区	开州区	云阳县	"万开云"板块	三峡库区
2007	49.15	30.25	26.92	37.14	40.74
2008	51.02	32.00	28.40	38.90	42.70
2009	52.85	33.60	29.95	40.61	44.54
2010	55.00	35.89	32.16	43.17	47.82
2011	56.76	37.51	33.78	44.88	49.72
2012	58.49	39.26	35.53	46.67	51.67
2013	59.76	40.69	36.78	48.04	53.15
2014	61.11	42.14	38.18	49.46	54.60
2015	62.36	43.42	39.45	50.74	56.10

资料来源：历年《重庆统计年鉴》

6）教育

如表 2.36 所示，万州区普通中学数量由 2007 年的 66 所减少到 2015 年的 58 所，占"万开云"板块普通中学的比重保持在 34%左右；小学由 2007 年的 287 所减少到 2015 年的 85 所，占"万开云"板块小学数量的比重总体呈下降趋势；普通中学专任教师数由 2007 年的 5143 人增加到 2015 年的 5990 人，占"万开云"板块普通中学专任教师数量的比重不断减少，由 2007 年的 39.43%减少到 2015 年的 37.95%；小学专任教师数由 2007 年的 5573 人减少到 2015 年的 4679 人，占"万开云"板块小学专任教师数量的比重不断下降，由 2007 年的 32.68%减少到 2015 年的 31.02%；普通中学在校学生数由 2007 年的 103 201 人减少到 2015 年的 90 141 人，占"万开云"板块普通中学在校学生数的比重呈先下降后上升的趋势，小学在校学生数由 2007 年的 116 356 人减少到 2015 年的 84 715 人，占"万开云"板块小学在校学生数的比重不断增加，由 2007 年的 29.86%增加到 2013 年的 32.4%。

表 2.36 万州区教育发展情况

年份	学校 普通中学 总值/所	学校 普通中学 占比/%	学校 小学 总值/所	学校 小学 占比/%	专任教师 普通中学 总值/人	专任教师 普通中学 占比/%	专任教师 小学 总值/人	专任教师 小学 占比/%	在校学生 普通中学 总值/人	在校学生 普通中学 占比/%	在校学生 小学 总值/人	在校学生 小学 占比/%
2007	66	34.38	287	20.06	5 143	39.43	5 573	32.68	103 201	36.04	116 356	29.86
2008	63	33.87	246	17.83	5 247	38.60	5 420	32.89	106 377	35.89	110 961	30.70

续表

年份	学校 普通中学 总值/所	学校 普通中学 占比/%	学校 小学 总值/所	学校 小学 占比/%	专任教师 普通中学 总值/人	专任教师 普通中学 占比/%	专任教师 小学 总值/人	专任教师 小学 占比/%	在校学生 普通中学 总值/人	在校学生 普通中学 占比/%	在校学生 小学 总值/人	在校学生 小学 占比/%
2009	61	33.70	244	17.98	5 328	37.41	5 246	32.70	105 149	35.38	102 195	30.90
2010	60	34.29	186	18.25	5 422	37.14	5 124	32.72	104 912	34.78	93 556	29.90
2011	60	34.29	185	19.07	5 445	36.93	4 984	31.64	103 378	35.36	88 026	30.16
2012	59	34.10	158	19.77	5 706	37.36	4 848	31.51	102 933	37.71	83 567	31.24
2013	59	34.91	158	21.27	5 823	37.47	4 771	31.30	101 234	38.33	81 764	31.12
2014	58	33.14	143	19.97	5 906	37.57	4 668	30.94	96 414	38.07	82 654	31.59
2015	58	33.14	85	13.28	5 990	37.95	4 679	31.02	90 141	37.24	84 715	32.40

资料来源：历年《重庆统计年鉴》。

如表 2.37 所示，开州区普通中学占"万开云"板块普通中学的比重不断增加，2007 年为 64 所，2015 年保持不变，但占比由 2007 年的 33.33%增加至 2015 年的 36.57%；小学由 2007 年的 629 所减少到 2015 年的 301 所，占"万开云"板块小学数量的比重由 2007 年的 43.96%增加至 2015 年的 47.03%；普通中学专任教师数由 2007 年的 4606 人增加到 2015 年的 5671 人，占"万开云"板块普通中学专任教师数量的比重呈先上升后下降的趋势；小学专任教师数由 2007 年的 6248 人减少到 2015 年的 5758 人，占"万开云"板块小学专任教师数量的比重由 2007 年的 36.63%增加到 2015 年的 38.17%；普通中学在校学生数由 2007 年的 98 332 人减少到 2015 年的 86 059 人，占"万开云"板块普通中学在校学生数的比重保持在 34%左右，小学在校学生数由 2007 年的 142 344 人减少到 2015 年的 107 722，占"万开云"板块小学在校学生数的比重由 2007 年的 36.53%增加到 2015 年的 41.19%。

表 2.37 开州区教育发展情况

年份	学校 普通中学 总值/所	学校 普通中学 占比/%	学校 小学 总值/所	学校 小学 占比/%	专任教师 普通中学 总值/人	专任教师 普通中学 占比/%	专任教师 小学 总值/人	专任教师 小学 占比/%	在校学生 普通中学 总值/人	在校学生 普通中学 占比/%	在校学生 小学 总值/人	在校学生 小学 占比/%
2007	64	33.33	629	43.96	4 606	35.32	6 248	36.63	98 332	34.34	142 344	36.53
2008	63	33.87	565	40.94	4 872	35.84	6 140	37.26	103 006	34.75	139 238	38.53
2009	61	33.70	506	37.29	5 177	36.35	6 135	38.24	102 686	34.55	125 968	38.09
2010	59	33.71	438	42.98	5 308	36.36	6 049	38.63	104 258	34.56	123 223	39.38

续表

年份	学校 普通中学 总值/所	学校 普通中学 占比/%	学校 小学 总值/所	学校 小学 占比/%	专任教师 普通中学 总值/人	专任教师 普通中学 占比/%	专任教师 小学 总值/人	专任教师 小学 占比/%	在校学生 普通中学 总值/人	在校学生 普通中学 占比/%	在校学生 小学 总值/人	在校学生 小学 占比/%
2011	60	34.29	447	46.08	5 510	37.37	6 195	39.33	100 449	34.36	118 657	40.66
2012	59	34.10	375	46.93	5 659	37.05	6 116	39.75	91 031	33.35	112 046	41.89
2013	57	33.73	330	44.41	5 662	36.44	5 995	39.33	87 759	33.23	111 348	42.38
2014	64	36.57	319	44.55	5 732	36.46	5 871	38.92	85 769	33.87	109 670	41.92
2015	64	36.57	301	47.03	5 671	35.93	5 758	38.17	86 059	35.55	107 722	41.19

资料来源：历年《重庆统计年鉴》

如表2.38所示，云阳县普通中学由2007年的62所减少到2015年的53所，占"万开云"板块普通中学的比重由2007年的32.29%下降到2015年的30.29%；小学由2007年的515所减少到2015年的254所，占"万开云"板块小学数量的比重由2007年的35.99%增加至2015年的39.69%；普通中学专任教师数由2007年的3293人增加到2015年的4124人，占"万开云"板块普通中学专任教师数量的比重保持在26%左右；小学专任教师数由2007年的5234人减少到2015年的4648人，占"万开云"板块小学专任教师数量的比重相对稳定，保持30%左右；普通中学在校学生数由2007年的84 794人减少到2015年的65 867人，占"万开云"板块普通中学在校学生数的比重呈先上升后下降的趋势，小学在校学生数由2007年的130 999人减少到2015年的69 059人，占"万开云"板块小学在校学生数的比重不断减少，由2007年的33.62%减少到2015年的26.41%。

表2.38 云阳县教育发展情况

年份	学校 普通中学 总值/所	学校 普通中学 占比/%	学校 小学 总值/所	学校 小学 占比/%	专任教师 普通中学 总值/人	专任教师 普通中学 占比/%	专任教师 小学 总值/人	专任教师 小学 占比/%	在校学生 普通中学 总值/人	在校学生 普通中学 占比/%	在校学生 小学 总值/人	在校学生 小学 占比/%
2007	62	32.29	515	35.99	3 293	25.25	5 234	30.69	84 794	29.61	130 999	33.62
2008	60	32.26	569	41.23	3 473	25.55	4 918	29.85	87 042	29.36	111 218	30.77
2009	59	32.60	607	44.73	3 737	26.24	4 663	29.06	89 350	30.07	102 578	31.01
2010	56	32.00	395	38.76	3 870	26.51	4 486	28.65	92 495	30.66	96 137	30.72
2011	55	31.43	338	34.85	3 790	25.70	4 573	29.03	88 558	30.29	85 151	29.18
2012	55	31.79	266	33.29	3 908	25.59	4 424	28.75	78 992	28.94	71 845	26.86

续表

年份	学校				专任教师				在校学生			
	普通中学		小学		普通中学		小学		普通中学		小学	
	总值/所	占比/%	总值/所	占比/%	总值/人	占比/%	总值/人	占比/%	总值/人	占比/%	总值/人	占比/%
2013	53	31.36	255	34.32	4 055	26.09	4 475	29.36	75 110	28.44	69 603	26.49
2014	53	30.29	254	35.47	4 083	25.97	4 547	30.14	71 077	28.06	69 293	26.49
2015	53	30.29	254	39.69	4 124	26.13	4 648	30.81	65 867	27.21	69 059	26.41

资料来源：历年《重庆统计年鉴》

7) 卫生

如表2.39所示，万州区卫生机构数由2007年的559个增加到2015年的1302个，增长了约1.33倍，占"万开云"板块卫生机构数比重呈先上升后下降的趋势；卫生机构床位数由2007年的4004张增加到2015年的10 386张，增长了约1.59倍，占"万开云"板块卫生机构床位数比重由2007年的52.59%减少到2015年的47.40%；卫生技术人员由2007年的5606人增加到2015年的10 037人，增长了约79.04%，占"万开云"板块卫生技术人员比重由2007年的58.46%减少到2015年的54.39%。

表2.39 万州区卫生事业基本情况

年份	卫生机构数		卫生机构床位数		卫生技术人员	
	数值/个	占比/%	数值/张	占比/%	数值/人	占比/%
2007	559	67.03	4 004	52.59	5 606	58.46
2008	671	72.00	4 612	50.70	5 714	55.88
2009	682	75.03	5 036	58.48	6 635	68.40
2010	712	70.71	5 694	47.27	7 236	56.56
2011	1 217	51.24	7 252	50.43	8 092	54.91
2012	1 215	52.64	8 241	51.29	8 837	54.74
2013	1 328	51.92	9 799	48.89	9 545	54.71
2014	1 344	52.21	10 033	46.93	9 825	53.67
2015	1 302	50.08	10 386	47.40	10 037	54.39

资料来源：历年《重庆统计年鉴》

如表2.40所示，开州区卫生机构数由2007年的154个增加到2015年的683个，增长了约3.44倍，占"万开云"板块卫生机构数比重由2007年的18.46%增加到2015年的26.27%；卫生机构床位数由2007年的1683张增加到

2015 年的 6623 张，增长了约 2.94 倍，占"万开云"板块卫生机构床位数比重由 2007 年的 22.10%增加到 2015 年的 30.23%；卫生技术人员由 2007 年的 2161 人增加到 2015 年的 4943 人，增长了约 1.29 倍，占"万开云"板块卫生技术人员比重由 2007 年的 22.53%增加到 2015 年的 26.78%。

表 2.40 开州区卫生事业基本情况

年份	卫生机构数		卫生机构床位数		卫生技术人员	
	数值/个	占比/%	数值/张	占比/%	数值/人	占比/%
2007	154	18.46	1683	22.10	2161	22.53
2008	153	16.41	2207	24.26	2683	26.24
2009	131	14.41	1674	19.43	1358	14.00
2010	169	16.78	3446	28.61	3088	24.13
2011	612	25.77	3952	27.48	3889	26.39
2012	610	26.43	4381	27.27	4302	26.65
2013	660	25.80	5974	29.80	4778	27.39
2014	660	25.64	6547	30.62	5130	28.02
2015	683	26.27	6623	30.23	4943	26.78

资料来源：历年《重庆统计年鉴》

如表 2.41 所示，云阳县卫生机构数由 2007 年的 121 个增加到 2015 年的 615 个，增长了约 4.08 倍，占"万开云"板块卫生机构数比重由 2007 年的 14.51%增加到 2015 年的 23.65%；卫生机构床位数由 2007 年的 1927 张增加到 2015 年的 4901 张，增长了约 1.54 倍，占"万开云"板块卫生机构床位数比重由 2007 年的 25.31%减少到 2015 年的 22.37%；卫生技术人员由 2007 年的 1823 人增加到 2015 年的 3475 人，增长了约 91%，占"万开云"板块卫生技术人员比重由 2007 年的 19.01%减少到 2015 年的 18.83%。

表 2.41 云阳县卫生事业基本情况

年份	卫生机构数		卫生机构床位数		卫生技术人员	
	数值/个	占比/%	数值/张	占比/%	数值/人	占比/%
2007	121	14.51	1927	25.31	1823	19.01
2008	108	11.59	2278	25.04	1828	17.88
2009	96	10.56	1902	22.09	1708	17.60
2010	126	12.51	2906	24.12	2470	19.31

续表

年份	卫生机构数 数值/个	占比/%	卫生机构床位数 数值/张	占比/%	卫生技术人员 数值/人	占比/%
2011	546	22.99	3176	22.09	2756	18.70
2012	483	20.93	3445	21.44	3004	18.61
2013	570	22.28	4271	21.31	3123	17.90
2014	570	22.14	4798	22.44	3352	18.31
2015	615	23.65	4901	22.37	3475	18.83

资料来源：历年《重庆统计年鉴》

3 "万开云"板块商贸流通业发展现状

近年来,"万开云"板块商贸流通规模不断扩大,流通结构不断完善,辐射力和成长力不断增强,商贸流通业发展取得的成效显著,商贸流通已进入持续健康发展期,为实现城乡商贸统筹发展奠定了坚实的基础。本章中商贸流通业主要包括批发零售贸易业、住宿餐饮业和交通运输、仓储及邮电业,原始数据来源于2008~2016年"万开云"板块各区县统计年鉴、国民经济及社会发展统计公报。

3.1 "万开云"板块商贸流通业发展基础分析

3.1.1 "万开云"板块商贸流通业规模分析

选取商贸流通业增加值、社会消费品零售总额两个指标反映"万开云"板块商贸流通发展规模。总体而言,"万开云"板块商贸流通业发展快速,商贸流通业规模不断扩大,为城乡商贸统筹打下较好的基础。

1)商贸流通业增加值

由表3.1可以看出,"万开云"板块商贸流通业增加值由2007年的78.33亿元增长到2015年的260.01亿元,增长约2.32倍,平均增长率为16.18%。地区平均商贸流通业增加值由2007年的26.11亿元增加到2015年的86.67亿元,万州区商贸流通业增加值一直高于地区平均水平,开州区和云阳县则低于地区平均水平,万州区在"万开云"板块商贸流通业发展中占有重要的地位。

从年均商贸流通业增加值来看，万州区商贸流通业年均增加值最大，为124.37亿元，开州区次之，为29.73亿元，云阳县仅为14.95亿元。

表3.1 "万开云"板块各区县商贸流通业增加值（单位：亿元）

年份	万州区	开州区	云阳县	"万开云"板块	地区平均值
2007	57.34	13.92	7.07	78.33	26.11
2008	73.84	16.04	10.43	100.31	33.44
2009	86.75	19.56	12.11	118.42	39.47
2010	102.73	23.16	13.50	139.39	46.46
2011	126.20	31.11	15.33	172.64	57.55
2012	146.61	35.78	16.94	199.33	66.44
2013	159.09	39.09	18.02	216.20	72.07
2014	174.57	42.49	19.73	236.79	78.93
2015	192.23	46.38	21.40	260.01	86.67
年均值	124.37	29.73	14.95	169.05	—

资料来源：根据各区县统计年鉴整理而得

分行业看，如表3.2所示，批发零售贸易业增加值由35.61亿元增长到127.15亿元，年均增长17.24%；住宿餐饮业增加值由11.57亿元增加到34.41亿元，年均增长14.60%；交通运输、仓储及邮电业增加值由31.15亿元增长到98.45亿元，年均增长15.47%。批发零售贸易业的年均增长速度超过了商贸流通业总体年均增长速度，表明批发零售贸易业对"万开云"板块商贸流通业发展具有重要的带动作用。

表3.2 "万开云"板块商贸流通业增加值行业情况

年份	商贸流通业增加值 绝对值/亿元	增速/%	批发零售贸易业 绝对值/亿元	增速/%	住宿餐饮业 绝对值/亿元	增速/%	交通运输、仓储及邮电业 绝对值/亿元	增速/%
2007	78.33	—	35.61	—	11.57	—	31.15	—
2008	100.31	28.07	46.10	29.46	15.21	31.46	39.01	25.23
2009	118.42	18.05	54.48	18.18	18.18	19.53	45.77	17.33
2010	139.39	17.71	62.23	14.23	19.44	6.93	57.72	26.11
2011	172.64	23.85	79.75	28.15	22.52	15.84	70.38	21.93
2012	199.33	15.46	91.67	14.95	25.61	13.72	82.05	16.58
2013	216.20	8.46	103.87	13.31	28.32	10.58	84.02	2.40
2014	236.79	9.52	115.36	11.06	31.14	9.96	90.29	7.46
2015	260.01	9.81	127.15	10.22	34.41	10.50	98.45	9.04

资料来源：根据各区县统计年鉴整理而得

2）社会消费品零售总额

社会消费品零售总额指国民经济各行业销售给城乡居民和社会集团的消费品零售总额。从表3.3可以看出"万开云"板块社会消费品零售总额呈现逐年递增态势，从2007年的130.41亿元增长到2015年的529.19亿元，增长了约3.06倍，平均增长率为19.13%。地区平均社会消费品零售总额由2007年的43.47亿元增加到2015年的176.40亿元。总体而言，万州区社会消费品零售总额一直高于地区平均水平，而开州区和云阳县则一直低于地区平均水平。从年均社会消费品零售总额来看，万州区社会消费品零售总额最大，为166.53亿元，开州区次之，为87.04亿元，云阳县仅为52.49亿元。

表3.3 "万开云"板块各区县社会消费品零售总额（单位：亿元）

年份	万州区	开州区	云阳县	"万开云"板块	地区平均值
2007	67.12	38.90	24.39	130.41	43.47
2008	87.10	48.65	29.59	165.33	55.11
2009	106.35	58.00	34.94	199.29	66.43
2010	129.74	67.93	40.12	237.79	79.26
2011	160.32	81.50	48.36	290.18	96.73
2012	189.19	95.22	56.51	340.92	113.64
2013	219.37	108.49	68.82	396.68	132.23
2014	251.61	133.90	79.21	464.72	154.91
2015	287.98	150.78	90.43	529.19	176.40
年均值	166.53	87.04	52.49	306.06	—

资料来源：根据各区县统计年鉴整理而得

分城乡看，如表3.4所示，城镇消费品零售额由2007年的91.00亿元增长到2015年的443.25亿元，年均增长21.89%；农村消费品零售额由2007年的39.41亿元增加到2015年的85.93亿元，年均增长10.23%。分行业看，批发零售贸易业零售额由2007年的107.54亿元增长到2015年的445.42亿元，年均增长19.44%；住宿餐饮业零售额由2007年的22.88亿元增长到2015年的83.77亿元，年均增长17.61%。批发零售贸易业零售额的年均增长速度均超过了社会消费品零售总额总体年均增长速度，表明"万开云"板块社会消费品零售总额主要由批发零售贸易业带动。

表 3.4　"万开云"板块社会消费品零售总额

年份	社会消费品零售总额		行业情况				区域情况			
			批发零售贸易业		住宿餐饮业		城镇		农村	
	绝对值/亿元	增速/%	绝对值/亿元	增速/%	绝对值/亿元	增速/%	绝对值/亿元	增速/%	绝对值/亿元	增速/%
2007	130.41	—	107.54	—	22.88	—	91.00	—	39.41	—
2008	165.33	26.77	137.26	27.64	28.07	22.68	118.51	30.23	46.82	18.80
2009	199.29	20.54	163.45	19.08	35.84	27.68	161.87	36.59	37.41	−20.10
2010	237.79	19.32	198.23	21.28	39.56	10.38	201.66	24.58	36.13	−3.42
2011	290.18	22.03	242.19	22.18	47.99	21.31	247.20	22.58	42.98	18.96
2012	340.92	17.49	285.15	17.74	55.77	16.21	288.46	16.69	52.47	22.08
2013	396.68	16.35	332.61	16.64	64.07	14.88	335.85	16.43	60.83	15.93
2014	464.72	17.15	391.93	17.84	72.79	13.61	393.51	17.17	71.21	17.06
2015	529.19	13.87	445.42	13.65	83.77	15.08	443.25	12.64	85.93	20.67

资料来源：根据各区县统计年鉴整理而得

3.1.2　"万开云"板块商贸流通业结构分析

从规模结构、产业结构及城乡结构三个方面对"万开云"板块商贸流通业结构进行分析。

1）商贸流通业规模结构

选取商贸流通业增加值占GDP比重、商贸流通业增加值占第三产业增加值比重两个指标对"万开云"板块商贸流通业的规模结构进行分析。

如表3.5所示，"万开云"板块商贸流通业增加值占GDP的比重总体呈下降趋势，由2007年的23.20%下降至2015年19.37%，表明商贸流通业对"万开云"板块地区经济发展的拉动力不断减弱。在西方发达国家，商贸流通业在国民经济中所占的比重在35%以上，表明"万开云"板块商贸流通业的发展相对落后。

表 3.5　"万开云"板块商贸流通业增加值及比重

年份	地区生产总值/亿元	第三产业增加值/亿元	商贸流通业增加值/亿元	商贸流通业增加值占GDP比重/%	商贸流通业增加值占第三产业增加值比重/%
2007	337.66	133.47	78.33	23.20	58.69
2008	433.22	161.85	100.31	23.15	61.98
2009	584.09	235.13	118.42	20.27	50.36

续表

年份	地区生产总值/亿元	第三产业增加值/亿元	商贸流通业增加值/亿元	商贸流通业增加值占GDP比重/%	商贸流通业增加值占第三产业增加值比重/%
2010	735.17	283.98	139.39	18.96	49.08
2011	931.65	344.48	172.64	18.53	50.12
2012	1 019.04	393.1	199.33	19.56	50.71
2013	1 117.84	431.96	216.20	19.34	50.05
2014	1 241.58	482.09	236.79	19.07	49.12
2015	1 342.11	533.63	260.01	19.37	48.72

商贸流通业增加值占第三产业比重总体也呈下降趋势，由2007年的58.69%下降为2015年的48.72%，商贸流通业对第三产业发展的拉动作用逐渐减弱，但同时也说明了第三产业其他行业得到了较快发展。

表3.6反映了"万开云"板块各区县商贸流通业增加值占GDP的比重，通过对数据的分析可以看出"万开云"板块各区县商贸流通业增加值占GDP的比重总体均呈下降趋势。具体而言，万州区商贸流通业增加值占GDP的比重由2007年的30.10%下降为2015年的23.21%，开州区商贸流通业增加值占GDP的比重由2007年的15.22%下降为2015年的14.23%，云阳县商贸流通业增加值占GDP的比重由2007年的12.69%下降为2015年的11.39%。万州区商贸流通业占GDP的比重较大，商贸流通业较为发达。

表3.6　"万开云"板块各区县商贸流通业增加值占GDP比重（单位：%）

年份	万州区	开州区	云阳县
2007	30.10	15.22	12.69
2008	28.84	14.49	15.69
2009	22.45	15.90	16.23
2010	20.54	15.51	15.74
2011	20.27	15.57	14.03
2012	22.12	15.59	13.38
2013	22.66	14.72	11.99
2014	22.64	14.16	11.59
2015	23.21	14.23	11.39

资料来源：根据各区县统计年鉴整理而得

2）商贸流通业产业结构

由表3.7可以看出，"万开云"板块商贸流通业中，批发零售贸易业所占比重最大，住宿餐饮业所占比重最小。2007~2015年，"万开云"板块批发零售贸易业所占比重由2007年的45.46%上升为2015年的48.90%，所占比重不断提升；住宿餐饮业所占比重由2007年的14.77%下降为2015年的13.23%，所占比重略有下降；交通运输、仓储及邮电业所占比重也由2007年的39.77%下降为2015年的37.87%，所占比重略有下降。因此，"万开云"板块商贸流通业发展一直以批发零售贸易业为主导，批发零售贸易业是"万开云"板块商贸流通业发展的重要组成部分，对"万开云"板块商贸流通业发展的贡献最大。

表3.7 "万开云"板块商贸流通业增加值结构

年份	商贸流通业增加值/亿元	行业情况					
		批发零售贸易业		住宿餐饮业		交通运输、仓储及邮电业	
		绝对值/亿元	占比/%	绝对值/亿元	占比/%	绝对值/亿元	占比/%
2007	78.33	35.61	45.46	11.57	14.77	31.15	39.77
2008	100.31	46.10	45.95	15.21	15.16	39.01	38.88
2009	118.42	54.48	46.01	18.18	15.35	45.77	38.64
2010	139.39	62.23	44.64	19.44	13.95	57.72	41.41
2011	172.64	79.75	46.19	22.52	13.04	70.38	40.77
2012	199.33	91.67	45.99	25.61	12.85	82.05	41.16
2013	216.20	103.87	48.04	28.32	13.10	84.02	38.86
2014	236.79	115.36	48.72	31.14	13.15	90.29	38.13
2015	260.01	127.15	48.90	34.41	13.23	98.45	37.87

资料来源：根据各区县统计年鉴整理而得

如表3.8反映了"万开云"板块社会消费品零售总额的行业结构情况，可以看出，批发零售贸易业占社会消费品零售总额比重达80%以上，且占比不断增加，由2007年的82.46%增加为2015年的84.17%，而住宿餐饮业占社会消费品零售总额的比重则由2007年的17.54%下降为2015年的15.83%，表明"万开云"板块社会消费品零售总额主要依靠批发零售贸易业完成。

表3.8 "万开云"板块社会消费品零售总额结构

年份	社会消费品零售总额/亿元	行业情况			
		批发零售贸易业		住宿餐饮业	
		绝对值/亿元	占比/%	绝对值/亿元	占比/%
2007	130.41	107.54	82.46	22.88	17.54
2008	165.33	137.26	83.02	28.07	16.98
2009	199.29	163.45	82.02	35.84	17.98

续表

年份	社会消费品零售总额/亿元	行业情况			
		批发零售贸易业		住宿餐饮业	
		绝对值/亿元	占比/%	绝对值/亿元	占比/%
2010	237.79	198.23	83.36	39.56	16.64
2011	290.18	242.19	83.46	47.99	16.54
2012	340.92	285.15	83.64	55.77	16.36
2013	396.68	332.61	83.85	64.07	16.15
2014	464.72	391.93	84.34	72.79	15.66
2015	529.19	445.42	84.17	83.77	15.83

资料来源：根据各区县统计年鉴整理而得

3）商贸流通业城乡结构

表3.9反映了"万开云"板块社会消费品零售总额的城乡结构，可以看出，城镇社会消费品零售总额占全部社会消费品零售总额的比重不断增加，由2007年的69.78%增加为2015年的83.76%，而农村社会消费品零售总额占全部社会消费品零售总额的比重则由2007年的30.22%下降为2015年的16.24%，城乡差距不断扩大，二元结构越发明显。

表3.9 "万开云"板块社会消费品零售总额城乡结构

年份	社会消费品零售总额/亿元	区域情况			
		城镇		农村	
		绝对值/亿元	占比/%	绝对值/亿元	占比/%
2007	130.41	91.00	69.78	39.41	30.22
2008	165.33	118.51	71.68	46.82	28.32
2009	199.29	161.87	81.23	37.41	18.77
2010	237.79	201.66	84.81	36.13	15.19
2011	290.18	247.20	85.19	42.98	14.81
2012	340.92	288.46	84.61	52.47	15.39
2013	396.68	335.85	84.66	60.83	15.34
2014	464.72	393.51	84.68	71.21	15.32
2015	529.19	443.25	83.76	85.93	16.24

资料来源：根据各区县统计年鉴整理而得

由于农村消费方式及消费水平滞后于城市，城乡消费不均衡现象日益加重，城乡市场分割较为明显。2015年，占"万开云"板块50.74%的城镇人口社会消费品零售总额为443.25亿元，占总量的83.76%，而占"万开云"板块49.26%的农村人口社会消费品零售总额仅为85.93亿元，占总量的16.24%，城镇居民社会消费品零售总额约为农村居民的5.16倍，城乡商贸发展结构失衡，广大农村地区商贸流通业发展严重滞后。

3.1.3 "万开云"板块商贸流通业辐射力分析

1）商贸流通业辐射力总体分析

商贸流通业辐射力（简称商流辐射力）是衡量商贸流通辐射能力的重要指标。商流辐射力衡量了本地区实现的社会消费品零售总额和本地区人口实际消费水平之间的比值，衡量消费中由其他地区带动的部分，体现了本地区商品流通体系对周边地区消费的吸引力，计算公式为

商流辐射力=社会消费品零售总额/（人均消费性支出×总人口）

商流辐射力表明本地商贸流通业对其他地区消费的影响程度和吸引能力。商流辐射力数值>1，代表对周边地区有吸引力，数值越大表明商贸流通业对外部需求和消费的吸引能力越强，辐射力越大。

表3.10反映了"万开云"板块的商流辐射力，可以看出，"万开云"板块城镇商流辐射力不断提升，农村商流辐射力不断下降。城镇商流辐射力在2009年实现了商流辐射力大于1的转变，对周边地区消费的带动作用开始显现，但商流辐射力的数值仍处于较低水平，影响范围较小，辐射程度较低。城镇商流辐射力始终大于农村商流辐射力，且城乡差距不断扩大，表明"万开云"板块城镇商贸流通业对农村消费的带动和辐射作用不断增强。

表3.10 "万开云"板块的商流辐射力

年份	城镇				农村			
	社会消费品零售总额/亿元	人均消费性支出/元	人口/万人	商流辐射力	社会消费品零售总额/亿元	人均消费性支出/元	人口/万人	商流辐射力
2007	91.00	8 196.04	136.71	0.81	39.41	2 296.06	231.4	0.74
2008	118.51	9 191.73	143.78	0.90	46.82	2 565.67	225.79	0.81
2009	161.87	10 217.92	150.67	1.05	37.41	2 897.81	220.39	0.59
2010	201.66	11 215.68	156.97	1.15	36.13	3 342.64	206.66	0.52
2011	247.20	12 292.03	163.56	1.23	42.98	4 261.77	200.85	0.50
2012	288.46	13 986.13	170.42	1.21	52.47	4 974.81	194.74	0.54

续表

年份	城镇				农村			
	社会消费品零售总额/亿元	人均消费性支出/元	人口/万人	商流辐射力	社会消费品零售总额/亿元	人均消费性支出/元	人口/万人	商流辐射力
2013	335.85	14 984.44	175.78	1.28	60.83	5 716.59	190.1	0.56
2014	393.51	17 070.36	181.57	1.27	71.21	6 882.58	185.52	0.56
2015	443.25	18 825.09	186.44	1.26	85.93	8 394.88	181.03	0.57

资料来源：根据各区县统计年鉴整理而得

2）商流辐射力比较分析

从表 3.11 可以看出，"万开云"板块各区县商流辐射力大体上以 2013 年为转折点呈现先上升后下降的变化趋势。具体而言，万州区商流辐射力由 2007 年的 1.05 增加到 2013 年的 1.24，2014 年开始出现下降趋势，2015 年商流辐射力转变为 1 以下，仅为 0.61；开州区商流辐射力由 2007 年的 1.05 增加到 2013 年的 1.29，2014 年开始出现下降趋势，2015 年商流辐射力仅为 0.59；云阳县商流辐射力在 2010 年实现了商流辐射力大于 1 的转变，且商流辐射力逐年增强，对周边地区消费的带动作用开始显现，但在 2015 年商流辐射力再次下降到 1 以下，仅为 0.63。

表 3.11　"万开云"板块各区县的商流辐射力

年份	万州区	开州区	云阳县
2007	1.05	1.05	0.84
2008	1.06	1.12	0.92
2009	1.11	1.17	0.93
2010	1.15	1.24	1.20
2011	1.19	1.20	1.17
2012	1.17	1.20	1.21
2013	1.24	1.29	1.22
2014	1.18	1.22	1.28
2015	0.61	0.59	0.63

表 3.12 反映了"万开云"板块各区县城乡商流辐射力情况。2007～2015 年，万州区城镇商流辐射力均大于 1，对周边地区的消费具有一定的带动作用，城镇商流辐射力和农村商流辐射力均呈现不断提升态势，表明万州区城乡商贸流通业开始呈现互动发展趋势，有利于城乡商贸协调发展。开州区城镇商流辐

射力不断增强,在 2010 年实现了大于 1 的转变,对周边地区消费开始产生带动作用,而农村商流辐射力则不断减弱,在 2010 年以后一直处于小于 1 的状态,且城镇商流辐射力开始大于农村商流辐射力,城乡差距开始扩大。云阳县城镇商流辐射力总体呈现增长态势,在 2009 年实现了大于 1 的转变,辐射力水平在 1.30 左右,而农村商流辐射力则呈现先下降再上升的变化趋势,仅在 2008 年农村商流辐射力水平大于 1,2009 年以后,城镇商流辐射力开始大于农村商流辐射力,城镇商贸流通业对农村消费的带动和辐射作用开始显现,且城乡商贸流通业呈现互动协调发展态势。

表 3.12 "万开云"板块各区县城乡商贸流通业辐射力

年份	城镇			农村		
	万州区	开州区	云阳县	万州区	开州区	云阳县
2007	1.02	0.55	0.54	0.15	1.32	0.88
2008	1.08	0.66	0.61	0.17	1.45	1.01
2009	1.12	0.70	1.32	0.20	1.57	0.06
2010	1.12	1.10	1.35	0.25	0.90	0.53
2011	1.23	1.18	1.33	0.26	0.78	0.53
2012	1.21	1.18	1.27	0.27	0.82	0.62
2013	1.29	1.18	1.39	0.29	0.81	0.63
2014	1.25	1.24	1.44	0.27	0.81	0.68
2015	1.27	1.22	1.31	0.28	0.71	0.80

3.1.4 "万开云"板块商贸流通业成长力分析

1) 产出成长力分析

选取商贸流通业增加值增长率和社会消费品零售总额增长率两个指标反映商贸流通业的发展能力和发展潜力。

商贸流通业增加值增长率从总产出的增长速度角度反映了商贸流通业的增长水平。由表 3.13 可以看出,"万开云"板块及各区县商贸流通业增加值增长率变化总体均呈下降趋势。总体而言,万州区和开州区商贸流通业增加值增长率高于"万开云"板块平均水平,云阳县商贸流通业增加值增长率低于"万开云"板块平均水平。

表 3.13　"万开云"板块各区县商贸流通业增加值增长率（单位：%）

年份	万州区	开州区	云阳县	"万开云"板块
2008	28.79	15.19	47.64	28.07
2009	17.48	21.98	16.06	18.05
2010	18.41	18.39	11.52	17.71
2011	22.85	34.32	13.53	23.85
2012	16.17	15.01	10.48	15.46
2013	8.51	9.25	6.39	8.46
2014	9.73	8.69	9.46	9.52
2015	10.12	9.15	8.47	9.81

资料来源：根据各区县统计年鉴整理而得

社会消费品零售总额增长率反映了国内贸易和需求增长情况。由表 3.14 可以看出，"万开云"板块及各区县社会消费品零售总额增长率总体呈下降趋势。总体而言，以 2012 年为转折点，2012 年以前万州区社会消费品零售总额增长率高于"万开云"板块平均水平，成为带动"万开云"板块社会消费品零售总额增长的主要力量；2013 年以后，万州区社会消费品零售总额增长速度有所放缓，云阳县社会消费品零售总额的增长速度相对较快，开州区先增后降，波动较大，对"万开云"板块社会消费品零售总额增长的带动作用不断增强。

表 3.14　"万开云"板块各区县社会消费品零售总额增长率（单位：%）

年份	万州区	开州区	云阳县	"万开云"板块
2008	29.75	25.06	21.31	26.77
2009	22.10	19.22	18.10	20.54
2010	22.00	17.12	14.83	19.32
2011	23.57	19.99	20.53	22.03
2012	18.01	16.84	16.85	17.49
2013	15.95	13.93	21.78	16.35
2014	14.70	23.42	15.10	17.15
2015	14.45	12.61	14.16	13.87

资料来源：根据各区县统计年鉴整理而得

2）需求成长力分析

商贸流通业的发展与需求密切相关，通过城乡居民收入水平和消费水平的变化可以分析"万开云"板块商贸流通业的需求成长情况。

如表 3.15 和表 3.16 所示，"万开云"板块城镇居民家庭人均可支配收入由

2007年的10 514.20元增长到2015年的25 914.12元，年均增长率为11.94%，农村居民家庭人均纯收入由2007年的3135.28元增长到2015年的10 022.13元，年均增长率为15.63%；城镇居民家庭人均消费水平由2007年的8196.04元增长到2015年的18 825.09元，年均增长率为10.95%，农村居民家庭人均消费水平由2007年的2296.06元增长到2015年的8394.88元，年均增长率为17.59%。人均可支配收入和人均消费水平的提高表明"万开云"板块消费需求不断增强，居民购买力增强，需求增长加快，对商贸流通业发展的促进作用增大。

表3.15 "万开云"板块城乡居民收入水平

年份	城镇居民家庭人均可支配收入 绝对值/元	增长率/%	农村居民家庭人均纯收入 绝对值/元	增长率/%	城乡收入比
2007	10 514.20	—	3 135.28	—	3.35
2008	12 180.72	15.85	3 732.73	19.06	3.26
2009	13 523.18	11.02	4 154.09	11.29	3.26
2010	15 110.85	11.74	4 967.03	19.57	3.04
2011	17 502.46	15.83	6 182.42	24.47	2.83
2012	19 847.95	13.40	7 108.99	14.99	2.79
2013	21 394.43	7.79	7 963.89	12.03	2.69
2014	23 662.62	10.60	8 950.03	12.38	2.64
2015	25 914.12	9.52	10 022.13	11.98	2.59

资料来源：根据各区县统计年鉴整理而得

表3.16 "万开云"板块城乡居民消费水平

年份	城镇居民家庭人均消费水平 绝对值/元	增长率/%	农村居民家庭人均消费水平 绝对值/元	增长率/%	城乡消费比
2007	8 196.04	—	2 296.06	—	3.57
2008	9 191.73	12.15	2 565.67	11.74	3.58
2009	10 217.92	11.16	2 897.81	12.95	3.53
2010	11 215.08	9.76	3 342.64	15.35	3.36
2011	12 292.03	9.60	4 261.77	27.50	2.88
2012	13 986.13	13.78	4 974.81	16.73	2.81
2013	14 984.44	7.14	5 716.59	14.91	2.62
2014	17 070.36	13.92	6 882.58	20.40	2.48
2015	18 825.09	10.28	8 394.88	21.97	2.24

资料来源：根据各区县统计年鉴整理而得

从表 3.15 和 3.16 还可以看出，"万开云"板块城镇居民人均可支配收入和人均消费水平的增速低于农村居民人均可支配收入和人均消费水平的增速，城乡收入比和城乡消费比不断减小，表明"万开云"板块城乡差距逐渐缩小。但由于城乡二元结构，城乡消费不均衡现象仍然存在。2015 年，占"万开云"板块 50.74%的城镇人口消费总量为 350.98 亿元，占总量的 69.78%，而占"万开云"板块 49.26%的农村人口消费总量仅为 151.97 亿元，占总量的 30.22%，城镇居民消费总量约为农村居民的 2.31 倍，城乡消费结构失衡。城乡消费差距直接影响了农村消费市场的发展，进而影响了农村消费环境的改善，分裂了城乡市场，使城乡市场一体化进程缓慢。

3.2 "万开云"板块商贸流通业对经济发展的作用分析

近年来，"万开云"板块商贸流通产业快速发展，成为推动地方经济发展的重要的行业之一，无论是经济发展还是产业结构调整都需要有效发挥商贸流通产业的先导效应。这不仅体现在流通对消费的引导，更体现在流通对生产领域及其他行业的引导。同时，商贸流通产业在促进工农业生产，满足城乡居民消费需求，丰富群众物质文化生活及扩大就业等方面也具有不可替代的基础性作用。本章将从经济增长、产业结构优化、消费及区域经济一体化等维度出发，对商贸流通业在"万开云"板块经济社会发展中的贡献进行分析。

3.2.1 商贸流通业对"万开云"板块经济增长的作用

2007 年以来，"万开云"板块商贸流通业快速发展，商贸流通规模不断扩大，在地区生产总值中占有重要地位。如表 3.17 所示，"万开云"板块商贸流通业增加值从 2007 年到 2015 年增加了 181.68 亿元，年均增长率为 16.18%；流通业增加值占地区生产总值比重的年均值达到 20.16%；但与同期地区生产总值增速相比，"万开云"板块商贸流通业发展稍显落后，除了 2012 年和 2015 年商贸流通业增速快于地区生产总值增速以外，其余年份均低于"万开云"板块地区生产总值增长速度，年均增长率低于地区生产总值增长率 2.65 个百分点。

表3.17 "万开云"板块地区生产总值与商贸流通业发展情况

年份	地区生产总值 数值/亿元	增速/%	商贸流通业增加值 数值/亿元	增速/%	商贸流通业增加值占GDP比重/%
2007	337.66	—	78.33	—	23.20
2008	433.22	28.30	100.31	28.06	23.15
2009	584.09	34.83	118.42	18.05	20.27
2010	735.17	25.87	139.39	17.71	18.96
2011	931.65	26.73	172.64	23.85	18.53
2012	1 019.04	9.38	199.33	15.46	19.56
2013	1 117.84	9.70	216.20	8.46	19.34
2014	1 241.58	11.07	236.79	9.52	19.07
2015	1 342.11	8.10	260.01	9.81	19.37
年均增长率（占比）/%	18.83		16.18		20.16

资料来源：根据各区县统计年鉴整理而得

从表3.17还可以看出，商贸流通业对地区生产总值贡献较大及增长率较快的年份，地区生产总值的增长率也相对较高，这主要是由于与地区生产总值密切相关的"三驾马车"中的消费与进出口均属于商贸流通业，即商贸流通业发展越快、贡献越大，带动地区经济的增长也越快。

与重庆市同期相比较，如表3.18所示，"万开云"板块商贸流通业发展要好于重庆市平均水平，"万开云"板块商贸流通业年均增长率高于重庆市商贸流通业年均增长率0.45个百分点，"万开云"板块商贸流通业增加值占地区生产总值的比重均值高于重庆市商贸流通业增加值占地区生产总值比重3.81个百分点，商贸流通业与地区生产总值间增长率的差距大于重庆市2.02个百分点，商贸流通业对地区经济的带动作用高于重庆市平均水平。但是，与发达国家和地区相比，"万开云"板块商贸流通业发展水平还存在较大差距。通过以上分析可以看出，一方面，"万开云"板块商贸流通业整体发展势头较好，对地区经济增长的贡献较大，并且优于重庆市平均水平；但另一方面，"万开云"板块商贸流通业的发展较之发达地区差距明显，发展潜力还有待进一步挖掘。

表3.18 "万开云"板块与重庆商贸流通业发展比较 （单位：%）

年份	重庆 GDP增长率	商贸流通业增长率	商贸流通业增加值占GDP比重	"万开云"板块 GDP增长率	商贸流通业增长率	商贸流通业增加值占GDP比重
2007	—	—	16.40	—	—	23.20

续表

年份	重庆			"万开云"板块		
	GDP增长率	商贸流通业增长率	商贸流通业增加值占GDP比重	GDP增长率	商贸流通业增长率	商贸流通业增加值占GDP比重
2008	23.90	27.88	16.80	28.30	28.06	23.15
2009	12.71	14.83	17.30	34.83	18.05	20.27
2010	21.37	21.66	17.20	25.87	17.71	18.96
2011	26.32	19.50	16.30	26.73	23.85	18.53
2012	13.97	8.00	15.50	9.38	15.46	19.56
2013	12.04	17.25	16.20	9.70	8.46	19.34
2014	11.57	9.14	15.80	11.07	9.52	19.07
2015	10.20	9.09	15.67	8.10	9.81	19.37
年均增长率（占比）	16.36	15.73	16.35	18.83	16.18	20.16

资料来源：根据重庆市及各区县统计年鉴整理而得

3.2.2 商贸流通业对"万开云"板块三次产业结构优化的作用

就宏观层面而言，商贸流通业对其他部门具有溢出效应，在整个社会资源配置、结构调整中都起着不可替代的作用。体现在产业层面上，表现为商贸流通业的发展与三次产业的发展及产业结构的优化升级是紧密相关的。"万开云"板块三次产业结构由2007年的19.44∶41.03∶39.53调整到了2015年的11.34∶48.90∶39.76，产业结构合理化和高级化的趋势开始显现，那么商贸流通业在"万开云"板块产业结构优化过程中的贡献如何？

运用统计分析软件对"万开云"板块商贸流通业与第一、第二、第三产业的相关性进行分析。相关系数如表3.19所示。从表中可以看出，在显著水平$\alpha=0.01$的情况下，"万开云"板块商贸流通业的发展与三次产业的发展高度相关。其中，商贸流通业与第一产业的相关系数为0.996，与第二产业的相关系数为0.991，与第三产业的相关系数为0.997。可见，尽管商贸流通业对三次产业的发展都有推动作用，但对第三产业的推动作用最大，这与产业结构高级化的演进趋势是一致的。同时，商贸流通业与第一产业的相关系数较高，说明"万开云"板块商贸流通业的发展能够有效带动农业的发展，促进农产品流通，带动农村经济发展，有利于实现城乡商贸统筹。因此，商贸流通业的发展能够带动相关产业发展，对优化"万开云"板块产业结构具有重要的促进作用。

表 3.19 "万开云"板块商贸流通业与三次产业的相关系数

	第一产业	第二产业	第三产业	商贸流通业
第一产业	1.000	0.982	0.989	0.996
第二产业	0.982	1.000	0.994	0.991
第三产业	0.989	0.994	1.000	0.997
商贸流通业	0.996	0.991	0.997	1.000

3.2.3 商贸流通业对"万开云"板块消费的作用

消费被誉为拉动经济增长的三驾马车之一，并且是拉动作用最为显著的。在市场经济条件下，消费和商贸流通业之间相互关联、相互影响，消费决定流通，流通带动消费，商贸流通业的发展程度影响消费的实现程度，影响着消费水平、消费结构和消费方式。采用社会消费品零售总额和商贸流通业增加值衡量商贸流通业对消费实现的贡献。

由表 3.20 可以看出，2007~2015 年，"万开云"板块社会消费品零售总额从 130.41 亿增加到 529.19 亿元，增加了 398.78 亿元，年均增长率为 19.13%。同时，从表中还可发现社会消费品零售总额与商贸流通业增加值的增长轨迹大抵是一致的，体现出商贸流通与消费密不可分的关系。此外，"万开云"板块商贸流通业对社会消费品零售总额的贡献有所下降，但其贡献度远高于重庆市同期平均水平。尽管"万开云"板块商贸流通业的发展带动了消费的提升，但与国内发达区域相比，"万开云"板块商贸流通业对社会消费品零售总额的贡献度还处于较低水平，珠江三角洲地区在 2003 年该值已高达 0.903。

表 3.20 "万开云"板块及重庆市商贸流通业对消费的贡献

年份	"万开云"板块 ①社会消费品零售总额/亿元	②商贸流通业增加值/亿元	②/①	重庆 ①社会消费品零售总额/亿元	②商贸流通业增加值/亿元	②/①
2007	130.41	78.33	0.601	1711.12	765.05	0.447
2008	165.33	100.31	0.607	2147.12	978.32	0.456
2009	199.29	118.42	0.594	2515.02	1123.44	0.447
2010	237.79	139.39	0.586	3051.11	1366.82	0.448
2011	290.18	172.64	0.595	3782.33	1633.36	0.432

续表

年份	"万开云"板块 ①社会消费品零售总额/亿元	②商贸流通业增加值/亿元	②/①	重庆 ①社会消费品零售总额/亿元	②商贸流通业增加值/亿元	②/①
2012	340.92	199.33	0.585	4402.99	1764.01	0.401
2013	396.68	216.20	0.545	5055.77	2068.37	0.409
2014	464.72	236.79	0.510	5710.67	2257.35	0.395
2015	529.19	260.01	0.491	6424.02	2462.45	0.383

3.2.4 商贸流通业对"万开云"板块区域经济一体化的作用

商贸流通业在"万开云"板块区域经济一体化方面的贡献主要是通过现代化、多元化、开放化的现代商品流通体系及多层次、强辐射的区域商贸中心的构建，形成各区域间相互渗透、相互依赖和相互协作的统一大市场，加快"万开云"板块经济一体化进程。

通过万州区、开州区、云阳县社会消费品零售总额比重变动趋势描述商贸流通业在"万开云"板块区域经济一体化方面的贡献。如表 3.21 所示，"万开云"板块"两区一县"社会消费品零售总额比重整体变动趋势为：以 2013 年为转折点，万州区社会消费品零售总额占比呈现先上升后下降的变化趋势，而开州区和云阳县社会消费品零售总额占比则呈现先下降后上升的变化趋势，"两区一县"社会消费品零售总额的差距开始呈现缩小态势，表明"万开云"板块区域内统一的市场开始形成，有利于推动区域经济一体化进程。

上述变动可归结为各区县极具地方特色的商贸中心构架的搭建，通过建设核心商圈、商业特色街、专业市场和乡镇（社区）商业中心，加快了商贸流通设施建设与改造，缩小了"万开云"板块各区县间消费硬件和软件环境的差距，并加强了区县间的联系。"万开云"板块各区县特色商业中心构建的不断完善将进一步加快"万开云"板块区域协调发展速度，提高区域一体化的程度。

表 3.21 "万开云"板块各区县社会消费品零售比重 （单位：%）

年份	万州区	开州区	云阳县
2008	51.47	29.83	18.70
2009	52.68	29.43	17.90

续表

年份	万州区	开州区	云阳县
2010	53.36	29.10	17.53
2011	54.56	28.57	16.87
2012	55.25	28.09	16.67
2013	55.49	27.93	16.58
2014	55.30	27.35	17.35
2015	54.14	28.81	17.04

资料来源：根据各区县统计年鉴整理而得

4 "万开云"板块城乡商贸统筹一体化发展的影响因素

城乡商贸统筹发展的实质是给城乡居民平等的商贸发展机会，通过一定的行政手段，促进城乡各种商贸资源要素的合理流动和优化配置，增强城市对农村的带动作用和农村对城市的促进作用，缩小商贸流通的城乡差距、工农差距和地区差距。本章利用 2007~2015 年"万开云"板块商贸数据，在分析"万开云"板块城乡商贸统筹发展态势的基础上，对其城乡商贸统筹影响因素进行分析。

4.1 "万开云"板块城乡商贸统筹的发展态势

城乡统筹发展态势，可从城乡商贸流通业发展规模与城乡商贸统筹规模两个方面来分析。

4.1.1 城乡商贸流通业发展规模

衡量商贸流通业发展规模，可用社会消费品零售总额指标来测度。因为社会消费品零售总额本身就是批发、零售等商贸流通业产品的交易价值总额，能够较好替代商贸流通业发展规模。因此，这里用城镇人均社会消费品零售总额

4 | "万开云"板块城乡商贸统筹一体化发展的影响因素 | 69

代表城镇商贸流通业发展规模,用 u_c 表示。用农村人均社会消费品零售总额代表农村商贸流通业发展规模,用 r_c 表示。

如图 4.1 所示,2007~2015 年,"万开云"板块各区县城镇商贸流通业规模总体上均实现了持续扩大。按各区县城镇商贸流通业发展规模大小排序,依次为万州、开州和云阳,且万州 u_c 值显著大于开州和云阳。开州和云阳商贸流通业发展滞后,其 u_c 值没有达到"万开云"板块平均水平。

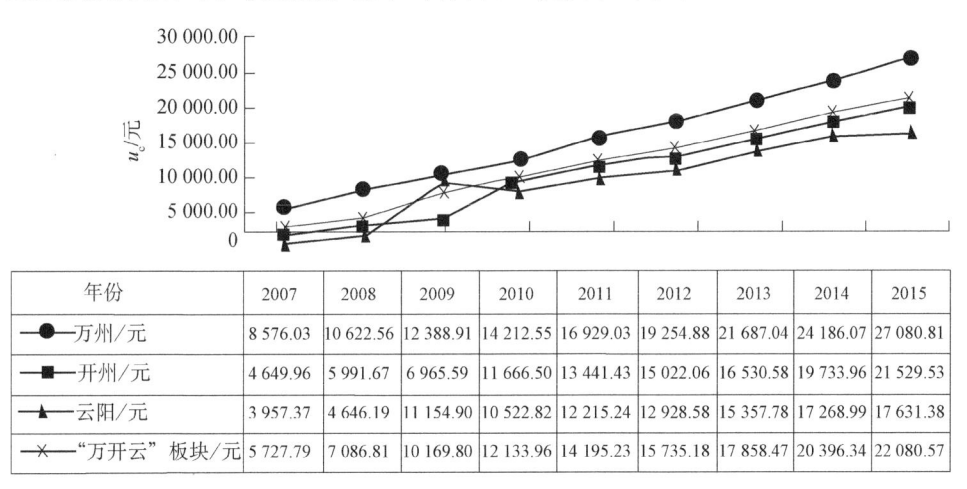

年份	2007	2008	2009	2010	2011	2012	2013	2014	2015
●万州/元	8 576.03	10 622.56	12 388.91	14 212.55	16 929.03	19 254.88	21 687.04	24 186.07	27 080.81
■开州/元	4 649.96	5 991.67	6 965.59	11 666.50	13 441.43	15 022.06	16 530.58	19 733.96	21 529.53
▲云阳/元	3 957.37	4 646.19	11 154.90	10 522.82	12 215.24	12 928.58	15 357.78	17 268.99	17 631.38
✕"万开云"板块/元	5 727.79	7 086.81	10 169.80	12 133.96	14 195.23	15 735.18	17 858.47	20 396.34	22 080.57

图 4.1 "万开云"板块城镇商贸流通业发展规模比较
资料来源:根据各区县统计年鉴整理而得

如图 4.2 所示,2007~2015 年"万开云"板块农村商贸流通业规模虽然在 2009 年经历较大程度的收缩,但随后不断实现小幅增长,总体上呈现出持续增长态势。其 r_c 值由 2007 年的 1690.28 元提升至 2015 年的 4714.11 元,上升了近 2 倍。按"万开云"农村商贸流通业发展规模大小排序,依次为开州、云阳、万州,且开州农村商贸流通业发展规模要显著高于"万开云"板块平均水平,而云阳和万州农村商贸流通业发展规模则低于平均水平。

基于上述分析,对城乡商贸流通业规模差距进行比较可以发现(图 4.3),"万开云"板块总体城乡商贸流通业规模统筹水平还较低,表现为"万开云"板块城乡商贸流通业差值较大且呈现出逐年攀升的趋势。分地区来看,开州和云阳城乡商贸流通业规模统筹水平要高于万州,这得益于两个地区农村商贸流通业规模在以超出城镇商贸流通业规模扩大的速度扩大。

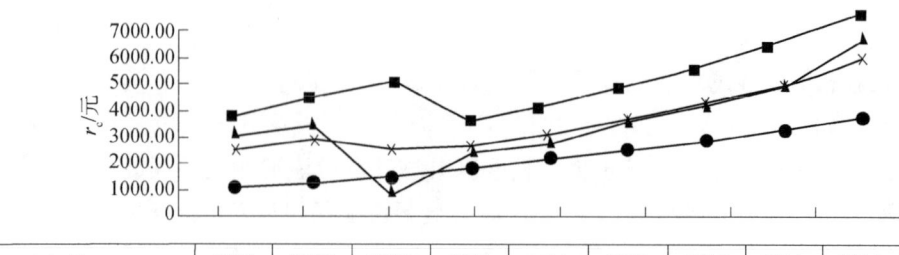

年份	2007	2008	2009	2010	2011	2012	2013	2014	2015
万州/元	399.66	533.49	737.97	1074.48	1359.65	1656.69	1963.07	2315.00	2731.22
开州/元	2824.88	3392.95	4039.03	2600.60	3167.52	3787.43	4402.42	5448.02	6241.64
云阳/元	1846.30	2244.69	151.50	1490.13	1784.09	2540.93	3139.67	3592.73	5169.46
"万开云"板块/元	1690.28	2057.04	1642.83	1721.74	2103.75	2661.68	3168.39	3785.25	4714.11

图 4.2 "万开云"板块农村的商贸流通业发展规模比较

资料来源：根据各区县统计年鉴整理而得

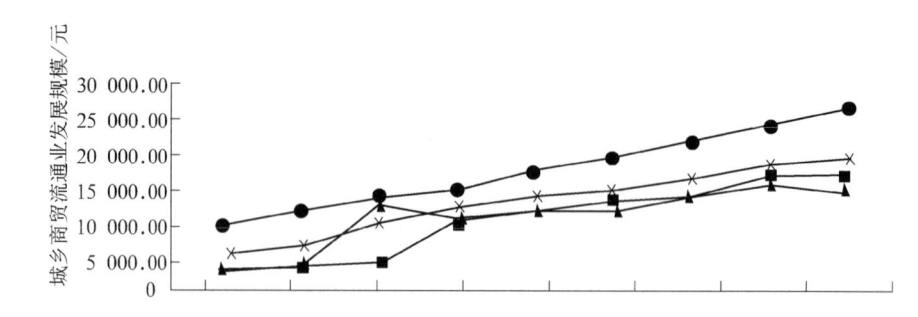

年份	2007	2008	2009	2010	2011	2012	2013	2014	2015
万州/元	8 176.36	10 098.08	11 650.94	13 138.07	15 569.38	17 598.19	19 723.97	21 871.07	24 349.58
开州/元	1 825.08	2 598.72	2 926.56	9 065.89	10 273.91	11 234.63	12 128.16	14 285.95	15 287.89
云阳/元	2 111.07	2 401.50	11 003.40	9 032.69	10 431.15	10 387.66	12 218.11	13 676.26	12 461.92
"万开云"板块/元	4 037.50	5 029.77	8 526.97	10 412.22	12 091.48	13 073.49	14 690.08	16 611.09	17 366.47

图 4.3 "万开云"板块城乡商贸流通业发展规模差距比较

资料来源：根据各区县统计年鉴整理而得

4.1.2 城乡商贸统筹规模

衡量城乡商贸统筹的另一个重要方面是城乡统筹规模，即城乡商贸价值流动水平。一是要测度城镇到农村的商贸流通统筹规模，即城镇工业品和服务品流向农村消费者的价值流量。这可以用农村居民人均消费与农村居民食品以外产品消费支出占总消费支出比重的乘积来衡量,用 uc 来表示。其中,农村居民食品以外产品消费支出占总消费支出比重等于 1 减去农村恩格尔系数。二是要测度农村到城镇的商贸流通统筹规模,即农产品流向城镇消费者的流量。这可以用城镇居民人均消费与城镇居民恩格尔系数的乘积来衡量,用 rc 来表示。

1)城镇到农村的商贸统筹规模

如图 4.4 所示,无论从板块层面还是区县层面,2007～2015 年"万开云"板块城镇到农村的商贸统筹能力呈现出不同程度增长的态势。从板块层面来看,测算出的 uc 值由 2007 年的 1057.90 元稳定快速提升至 2015 年的 4657.81 元。从区县来看,万州区城镇到农村的商贸统筹规模最大,其 2007～2015 年 uc 值均高于"万开云"板块平均值,且超出额度较大。其次是开州区,其 uc 值在 2013 年之前均低于"万开云"板块平均值,但差额并不明显,并在 2014 年实现反超。城镇到农村的商贸统筹规模最小的是云阳县,其 uc 值在 2007～2015 年一直低于"万开云"板块平均值,且其差额在 2009 年后呈现出增长的态势。

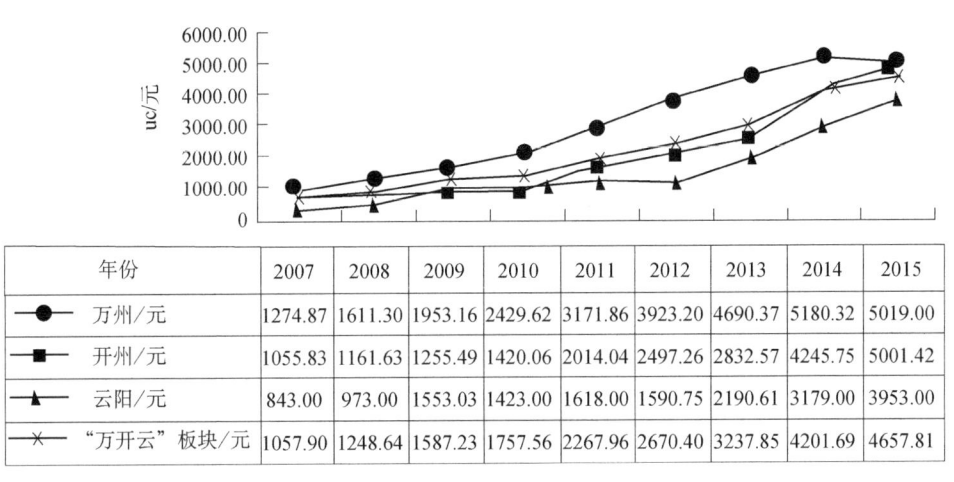

年份	2007	2008	2009	2010	2011	2012	2013	2014	2015
万州/元	1274.87	1611.30	1953.16	2429.62	3171.86	3923.20	4690.37	5180.32	5019.00
开州/元	1055.83	1161.63	1255.49	1420.06	2014.04	2497.26	2832.57	4245.75	5001.42
云阳/元	843.00	973.00	1553.03	1423.00	1618.00	1590.75	2190.61	3179.00	3953.00
"万开云"板块/元	1057.90	1248.64	1587.23	1757.56	2267.96	2670.40	3237.85	4201.69	4657.81

图 4.4 "万开云"板块城镇到农村的商贸统筹规模比较
资料来源:根据各区县统计年鉴整理而得

但是,由 2007～2015 年 uc 值增长幅度的变化情况,可以看出"万开云"板块城镇到农村的商贸统筹规模增幅并不稳定(图 4.5)。万开云板块与开州区 uc 增幅值波动较大,但从发展过程来看,uc 增幅值正负波动相抵后,基本保持平稳且略微上升的态势。

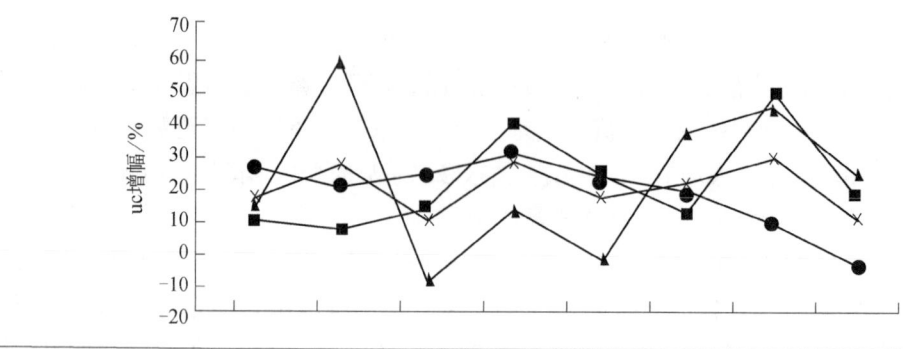

年份	2008	2009	2010	2011	2012	2013	2014	2015
●—万州/%	26.39	21.22	24.39	30.55	23.69	19.55	10.45	-3.11
■—开州/%	10.02	8.08	13.11	41.83	23.99	13.43	49.89	17.8
▲—云阳/%	15.42	59.61	-8.37	13.7	-1.68	37.71	45.12	24.35
✕—万开云版块/%	18.03	27.12	10.73	29.04	17.74	21.25	29.77	10.86

图 4.5 "万开云"板块城镇到农村的商贸统筹规模增幅比较
资料来源：根据各区县统计年鉴整理而得

值得注意的是万州区与云阳县，万州区 uc 增幅值呈现出明显的下滑态势，表明其城镇到农村的商贸统筹规模提升速度在减缓，特别是在 2015 年已出现负增长的苗头，这意味着万州城镇工业和服务品满足农村消费的能力在衰减，结合针对万州农村商贸流通业发展规模的分析可知，这很可能是万州农村商贸流通业跟不上城镇商贸流通业发展速度造成的。另外，云阳县 uc 增幅值波幅最大，表现极不稳定。

2) 农村到城镇的商贸统筹规模

如图 4.6 所示，除云阳县 rc 值在 2012～2014 年出现连续下滑外，"万开云"板块农村到城镇的商贸统筹能力整体呈现出稳定上升的良好态势。从区县层面来看，万州区的农村到城镇的商贸统筹发展能力仍然排在首位，其 rc 值大部分时间都高于"万开云"板块、开州区和云阳县。同时，云阳县与开州区的排名发生置换，在 2013 年以前，云阳县 rc 值一直高于开州区，但随着开州区农村到城镇的商贸统筹发展能力快速提升，且伴随着云阳县 rc 值在 2012～2014 年的连续下跌，开州区 rc 值顺势超过云阳县，跃升至第 2 位。

另外，如图 4.7 所示，从"万开云"板块农村到城镇的商贸统筹规模增幅可以看出，除云阳县 rc 增长值波动较大，表现不平稳外，"万开云"板块、万州区、开州区均表现稳定，其农村到城镇的商贸统筹规模实现稳步提升。

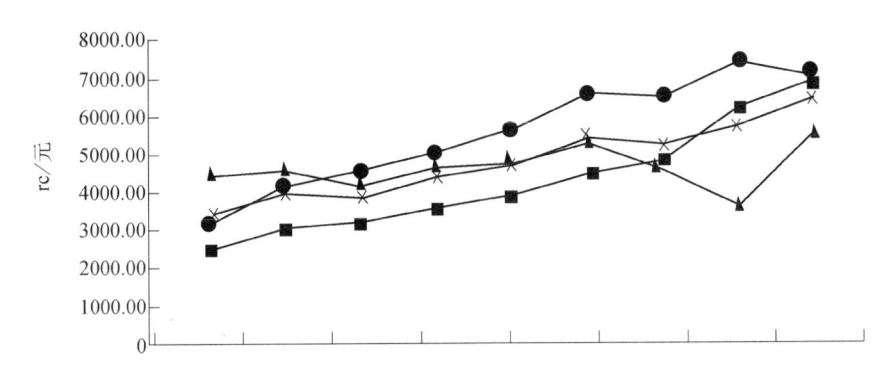

年份	2007	2008	2009	2010	2011	2012	2013	2014	2015
万州/元	3244.00	4123.00	4522.00	5031.00	5644.00	6568.00	6500.83	7417.29	6960.00
开州/元	2513.00	3091.00	3183.00	3612.00	3914.80	4471.00	4823.61	6232.93	6958.32
云阳/元	4405.00	4529.00	4047.26	4564.43	4703.00	5272.00	4504.60	3626.90	5498.00
"万开云"板块/元	3387.33	3914.33	3917.42	4402.48	4753.93	5437.00	5276.34	5759.04	6472.11

图4.6 "万开云"板块农村到城镇的商贸统筹规模比较
资料来源：根据各区县统计年鉴整理而得

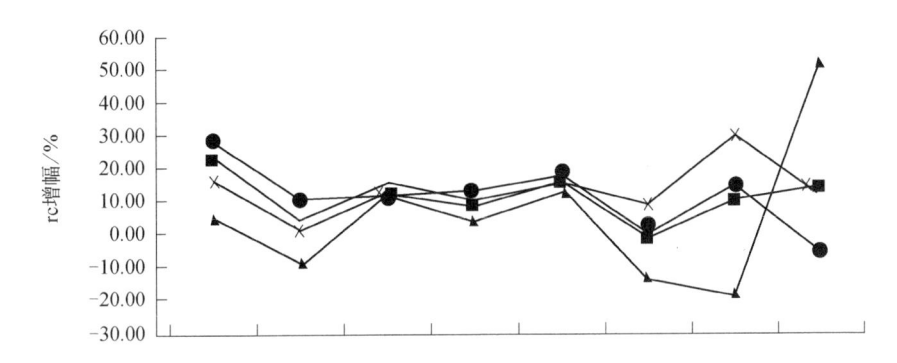

年份	2008	2009	2010	2011	2012	2013	2014	2015
万州/%	27.10	9.68	11.26	12.18	16.37	-1.02	14.10	-6.17
开州/%	23.00	2.98	13.48	8.38	14.21	7.89	29.22	11.64
云阳/%	2.81	-10.64	12.78	3.04	12.10	-14.56	-19.48	51.59
"万开云"板块/%	15.56	0.08	12.38	7.98	14.37	-2.95	9.15	12.38

图4.7 "万开云"板块农村到城镇的商贸统筹规模增幅比较
资料来源：根据各区县统计年鉴整理而得

4.2 "万开云"板块城乡商贸统筹发展影响因素实证分析

4.2.1 变量选取原理、含义与假设提出

4.2.1.1 城乡收入统筹

城乡收入统筹要求在城镇居民人均收入稳步增加同时，农村居民人均收入增长速度要高于城镇居民人均收入增长速度。因此，城乡收入统筹可以缩小城乡居民可支配收入差距，从而提高农村居民的城镇产品需求，而农村居民消费城镇工业品和服务产品必须让工业品和城镇服务产品下乡，这就必须依靠城镇到农村的商业网点和商业网络。因此，要满足因农村居民收入增长而增加的对城镇产品的消费需求，就必须扩大城镇到农村的商贸流通规模，增大城镇产品向农村的流量。

同时，在城乡收入统筹过程中，大量农村劳动力将转化为城镇劳动力，从而扩大城镇消费者数量，在城镇居民人均可支配收入稳步增长的条件下，会增加城镇居民的农产品消费需求，这就要依靠农村到城镇的商业网点和商业网络（一般来说就是工业品和城镇服务产品下乡的网络和网点）。因此，要满足因城镇居民收入增长而增加的农产品消费需求，必须扩大农村到城镇的商贸流通规模，增大农产品向城镇的流量。

当然，城乡居民收入增长本身也会促进农村居民对农产品的需求和城镇居民对城镇工业品和城镇服务品的需求，从而促进农村和城镇各自内部商贸流通业的发展。

因此，选择城镇居民人均可支配收入（u_i）与农村居民人均可支配收入（r_i）作为城乡收入统筹变量。并提出：

假设 1 城乡收入统筹正向影响城乡商贸统筹。

4.2.1.2 城乡资本统筹

城乡资本统筹的核心是促使城镇资本积累转化为农业资本，并投入农业生产和农村商业网络及商业网点建设中。因此城乡资本统筹一方面从产品出清的供求渠道上促进商贸流通业发展，另一方面从供给角度促进农业生产，进而增加流通产品的数量。

从产品市场出清角度来看，城乡资本统筹使得有更多的资本投入城乡商贸流通网络和网点建设，从而扩大商贸流通渠道，为更多的产品顺利通过流通渠

道提供基础性保证。

从供给角度而言，城乡资本统筹能增强农业借贷能力，从而使得有足够的资本去改进农业生产技术、改良农产品品种、增加农产品种类、提高人均农业资本投入量，这从生产函数可以看出，能增加农产品产出数量和提高农产品质量。在城乡商业网络畅通的情况下，农产品数量的增加和质量的提高能扩大农产品进城的产品流通量。

在城乡资本统筹增强农业生产贷款能力的同时，农村居民收入不必转化到商业基础设施建设领域，从而确保了城乡收入统筹带来的农村居民人均收入增加用于扩大农村消费需求。农村消费需求的扩大一方面增加农产品需求，另一方面增加工业品和城镇服务品需求，从而既促进了农村商贸流通业的发展，也促进了城乡商贸流通业的统筹发展。

由此，分别选择城镇居民人均贷款量（u_1）和农村居民农业人均贷款量（r_1）作为城乡资本统筹变量。可提出：

假设2 城乡资本统筹正向影响城乡商贸统筹。

4.2.1.3 城乡产业统筹

城乡产业统筹的目的是确保城镇产业稳步发展的同时，加快农村产业发展步伐。这会引起农产品和城镇产品供应量的同时增加。在市场保持出清的条件下，必然促进城乡商贸流通业的发展。

所以，分别选择城镇居民工业和第三产业的人均增加值（u_g）和农村居民第一产业的人均增加值（r_g），作为城乡产业统筹变量。由此可提出：

假设3 城乡产业统筹正向影响城乡商贸统筹。

4.2.1.4 城乡就业统筹

城乡就业统筹的核心是协调好城镇劳动力就业和农村劳动力就业达到两重均衡。

从城镇就业均衡角度来看：城镇劳动力增加，从而会提高城镇居民人均可支配收入，但这种提高幅度不能大于农村居民人均纯收入增长幅度，否则城乡收入无法统筹，城乡收入统筹不好则有害于商贸流通业发展；但农村劳动力转化为城镇工业和服务业劳动力不能过少，否则无法提高农村居民人均收入和扩大城镇居民消费需求的目的。农村劳动力转化为城镇工业和服务业劳动力也不能太多，否则会降低城镇居民人均可支配收入，也会从另一面降低城镇居民人均消费需求。因此只有当城镇劳动力就业数量达到基本均衡时，城镇居民对城镇产品和农产品的需求才能达到最大化，即最有利于城镇商贸流通业的发展。

从农业就业均衡角度来看：农业劳动力转移到城镇太多会有损农业生产，从而减少农产品供给，不利于农村商贸业的发展；而农业劳动力转移到城镇太少，显然无法有效降低农村人口基数，达不到提高农村居民人均纯收入的目的。因此也存在一个数量均衡问题。只有当农村劳动力转移到城镇的数量使得农村劳动力达到某种均衡时，既保证农业生产的劳动力投入量，又能提高农村居民人均收入，才能有效地促进农村商贸流通业的发展。

基于此，选择城镇居民第二产业和第三产业就业率（u_e）和农村居民第一产业就业率（r_e）作为城乡就业统筹变量。并得出：

假设 4 城乡就业统筹正向影响城乡商贸统筹。

表 4.1 为变量名和变量含义。

表 4.1 变量名和变量含义

变量名	变量含义
被解释变量 arscu	城镇人均社会消费品零售总额
被解释变量 arscr	农村人均社会消费品零售总额
被解释变量 acur	城镇居民对农产品的人均消费支出
被解释变量 acru	农村居民对城镇产品的人均消费支出
解释变量 diu	城镇居民人均可支配收入
解释变量 dir	农村居民人均可支配收入
解释变量 agdpu	城镇居民工业和第三产业的人均增加值
解释变量 agdpr	农村居民第一产业的人均增加值
解释变量 empu	城镇居民第二产业和第三产业就业率
解释变量 empr	农村居民第一产业就业率
解释变量 aloau	城镇居民工业和商业的人均贷款量
解释变量 aloar	农村居民农业人均贷款量

4.2.2 数据分析、模型建立与结果分析

4.2.2.1 数据分析

选择 2007～2015 年的城乡商贸流通业发展规模与城乡商贸统筹规模作为被解释变量（其指标含义及构建已在 4.1.1 节和 4.1.2 节中提及，这里不再赘述），城镇居民和农村居民人均可支配收入（u_i 和 r_i）、城镇居民和农村居民人均贷款量（u_1 和 r_1）、城镇居民和农村居民人均产业增加值（u_g 和 r_g）和城镇居

民和农村居民就业率（u_e 和 r_e）作为解释变量。

上述各变量数据均来自 2008~2016 年《万州统计年鉴》《开县统计年鉴》《云阳统计年鉴》，测算时取三地区相应变量数据的算术平均值。根据平减指数（DPI）将三地区的城乡生产总值统一折算为 2007 年的不变价格，用消费者价格指数（CPI）将三地区的城乡人均消费支出、城乡社会消费品零售总额统一折算为 2007 年不变价格，用生产者价格指数（PPI）将三地区的城乡贷款统一折算为 2007 年的不变价格。

城乡商贸流通业发展规模、城乡商贸统筹规模、城乡人均收入、城乡人均贷款量、城乡产业增加值的单位均为万元，城乡就业量的单位为万人。

4.2.2.2 模型建立

由于存在 2 个被解释变量，因此需要建立 2 个模型分别进行讨论。

1）城乡商贸流通业发展规模

城镇商贸流通业发展规模，从需求角度取决于城镇居民人均可支配收入（u_i），从供给角度则取决于工业生产和农业产出，也就是城镇人均增加值（u_g）和农业生产的人均增加值（r_g），此外还跟城镇贷款和农业借贷有关，因为贷款可能抑制城镇自有资金进入生产领域，从而增加城镇和农村产品的消费。同时也跟城镇人口在第二产业和第三产业就业水平相关。因此，可以构建回归模型（4.1）的第 1 个模型。

农村商贸流通业发展规模，从需求角度取决于农村居民人均可支配收入（r_i），从供给角度来看则取决于农业产出和工业生产，也就是农村居民人均增加值（r_g）和城镇居民人均增加值（u_g），此外还跟城镇居民人均贷款量（u_l）和农村居民人均贷款量（r_l）有关，因为贷款可能抑制城镇自有资金进入生产领域，从而增加城镇和农村产品的消费。同时也跟农村居民第一产业就业率相关。因此可以构建回归模型（4.1）的第 2 个模型。

$$\begin{cases} u_{c_t} = \alpha_0 + \alpha_1 u_{i_t} + \alpha_3 u_{g_t} + \alpha_4 r_{g_t} + \alpha_5 u_{l_t} + \alpha_6 r_{l_t} + \alpha_7 u_{e_t} + \varepsilon_t \\ r_{c_t} = \alpha_0 + \alpha_2 r_{i_t} + \alpha_3 u_{g_t} + \alpha_4 r_{g_t} + \alpha_5 u_{l_t} + \alpha_6 r_{l_t} + \alpha_8 r_{e_t} + \varepsilon_t \end{cases} \quad (4.1)$$

2）城乡商贸统筹发展规模

城镇居民购买农产品的商贸统筹规模，从需求角度取决于城镇居民人均可支配收入（u_i），从供给角度则取决于农业产出，也就是农村居民人均产业增加值（r_g），此外还跟农村居民人均贷款量 r_l 有关，因为农业借贷越高，借贷资本投入农业生产对农村居民自有资本投入农业生产的挤出越多，从而农村居民自有资金用于城镇产品的消费越多。同时还取决于农村就业人口，因为农村第三产业就业人口越多，越有利于农村商贸流通。因此可以构建回归模型（4.2）的第 1 个模型。

农村居民购买城镇产品的商贸统筹规模，从需求角度取决于农村居民人均可支配收入（r_i），从供给角度则取决于城镇工业和服务业的产出，也就是城镇居民人均产业增加值（u_g），此外还跟城镇工业和服务业的借贷有关，因为城镇借贷越高，贷款资本对城镇居民自有资本投入工业和服务业生产的挤出越多，从而城镇居民自有资金用于农产品的消费越多。同时还取决于城市就业人口，因为城市第三产业就业人口越多，越有利于城市商贸流通。因此可以构建式（4.2）的第 2 个模型。

$$\begin{cases} u_{c_t} = \alpha_0 + \alpha_1 u_{i_t} + \alpha_3 r_{g_t} + \alpha_4 u_{l_t} + \alpha_8 r_{e_t} + \varepsilon_t \\ r_{c_t} = \alpha_0 + \alpha_1 r_{i_t} + \alpha_2 u_{g_t} + \alpha_5 r_{l_t} + \alpha_7 u_{e_t} + \varepsilon_t \end{cases} \quad (4.2)$$

其中，u_{c_t} 为城镇人均社会消费品零售总额，α_0 为常数项，ε_t 为误差项。

3）实证结果分析

表 4.2 反映了回归模型（4.1）与回归模型（4.2）的结果：

表 4.2 最小二乘法估计结果

模型序号	商贸流通业		商贸统筹流动	
	（1）城镇	（2）农村	（3）城镇	（4）农村
α_1（u_i）	1 198.648*** (28.383)		36.121*** (337.876)	
α_2（r_i）		1 373.990*** (132.260)		57.068*** (245.193)
α_3（u_g）	0.243*** (152.578)	−0.119*** (−58.136)		−0.000 08* (−3.547)
α_4（r_g）	−0.018*** (−5.829)	−0.039*** (−5.224)	0.000 55*** (26.557)	
α_5（u_l）	0.200*** (79.209)	0.364*** (68.177)	0.000 07*** (13.605)	
α_6（r_l）	0.183*** (78.103)	0.373*** (76.192)		0.000 36*** (22.438)
α_7（u_e）	0.001*** (13.605)			0.000 09*** (13.673)
α_8（r_e）		0.023*** (14.705)	0.000 03*** (11.380)	
调整的 R^2	0.943	0.702	0.929	0.939
S.E	987.379	1 447.767	2.920	1.842

续表

模型序号	商贸流通业		商贸统筹流动	
	（1）城镇	（2）农村	（3）城镇	（4）农村
Schwarz	974 661	2 095 474	11.366	6.233

注：括号内为回归系数的 t 检验；***和*分别为1%和10%的显著性水平；Across FE 表示截面固定效应，估计结果省略

从上面的回归结果来看，回归系数都很显著。且四个回归模型的拟合优度都较高（分别为：0.943、0.702、0.929 和 0.939）。

模型（1）中 u_i、u_g、u_l、r_l、u_e 前面的回归系数都为正，且系数在1%的显著性水平下为正，符合模型建立的经济逻辑。但 r_g 系数显著为负，意味着农产品供给增量没有引起城镇对农产品的消费增加，与经济逻辑相违背。可能的原因在于，"万开云"板块新增的农产品供给，更多地满足了农村本地消费需求，而没有运送到城市进行消费。同时，u_i、u_g、u_l、r_l、u_e 前的回归系数顺次递减（1198.648、0.243、0.200、0.183、0.001），说明城镇居民人均可支配收入、城镇居民人均产业增加值、城镇居民人均贷款量和农村居民人均贷款量及城镇居民就业率对城镇商贸流通业发展都具有促进作用，且促进作用依次递减。值得注意的是，u_i 的系数远远大于其他4个变量的系数，说明城镇居民人均可支配收入是拉动城镇商贸流通业发展的决定性主导因素。

模型（2）中除 u_g、r_g 系数显著为负外，r_i、u_l、r_l、r_e 系数显著为正，基本符合模型构建的经济逻辑。u_g、r_g 系数为负的主要原因可能是：目前"万开云"板块城镇到农村和农村到城镇双向商贸流通设施、商贸流通网络与商贸流通渠道建设还十分滞后，城镇工业品和服务品生产更多地滞留在城镇本地消费，且农产品更多地滞留在农村本地消费，城乡商贸统筹通路尚未真正形成。同时，可以发现 r_i 的系数远远高于其他系数，说明目前"万开云"板块农村居民对流通产品的消费主要取决于自身的可支配收入（r_i）。其次，城乡贷款在促进城乡商贸统筹的作用要大于农村居民就业。

模型（3）中 u_i、r_g、u_l、r_e 前面的回归系数都为正且均显著，意味着模型建立的经济逻辑全部成立，即城镇到农村的商贸统筹规模受到城镇居民人均可支配收入、农村居民人均产业增加值、城镇居民人均贷款量及农村居民就业率的正向影响。同时可以发现，u_i、r_g、u_l、r_e 对农村商贸流通规模的回归系数顺次递减（36.121、0.000 55、0.000 07、0.000 03），说明当前城镇对农村的商贸统筹规模依次取决于：城镇居民自身的可支配收入、农村居民人均产业增加值、

城镇居民人均贷款量与农村居民就业率。同样，u_i 的系数远远大于其他变量系数，说明城镇居民人均可支配收入是拉动城镇对农村商贸统筹的最主要因素。

模型（4）中 u_g 的系数为负值，反映的是城镇工业品供给增加没有扩大农村居民对工业品的消费，这与模型建立的经济逻辑相背，可能的主要原因是："万开云"板块城镇产品流向农村地区的商贸流通网络建设滞后，使得工业品更多地留在城镇消费，从而未能进入农村市场。另外，r_i、r_l、u_e 的回归系数均显著为正且依次递减（57.068、0.000 36、0.000 09），表明当前农村对城镇产品消费统筹规模依次取决于：农村居民人均可支配收入、农村居民人均贷款量与城镇居民就业率。并且 r_i 的回归系数远远大于其他变量回归系数，证明拉动农村对城镇商贸统筹的最主要因素是农村居民人均可支配收入。因此，可以得出这样的基本结论：

城乡收入统筹、城乡资本统筹、城乡产业统筹、城乡就业统筹，是影响城乡商贸统筹的主要因素，且起到正向影响作用。其中，城乡收入统筹起到决定性的作用。

5 "万开云"板块城乡商贸统筹一体化发展的思路与战略

5.1 "万开云"板块城乡商贸统筹一体化发展定位

推动"万开云"板块城乡商贸统筹发展，是贯彻落实五大功能区域发展战略的重要举措，有利于优化资源要素配置，提高区域流通效率，尽快培育形成新的区域增长极，示范带动渝东北生态涵养发展区，更好融入长江经济带建设和成渝城市群发展。"万开云"板块城乡商贸统筹一体化统筹的定位是：

长江经济带重要商贸流通节点。2016年9月，《长江经济带发展规划纲要》确立了长江经济带"一轴、两翼、三极、多点"的发展新格局。其中，"多点"要求发挥地级城市的支撑作用，从而加强与中心城市的经济联系与互动，带动地区经济发展。"万开云"板块城乡商贸区域一体化统筹发展，有利于区域商贸功能的合理配置，形成"三组团、双两百"[①]区域增长极。城市的发展，"万开云"板块商业集聚带的形成，"万开云"板块必将成为长江经济带重要商贸流通节点。

---

① "三组团、双两百"的概念由《"万开云"板块一体化协同发展规划（2016—2020年）》提出，是指万州、开县、云阳三个城区组团，区域总规模达到200km² 左右、城市人口规模达到200万人左右。

三峡库区区域性商贸物流中心。依托长江黄金水道、高速公路、铁路、五桥机场等交通条件，三区县商业规划布局的战略性合作的加强，"万开云"板块商业集聚带的形成，必将成为辐射渝东北、鄂西、陕南、川东北的三峡库区唯一的区域性商贸物流中心。

成渝城市群商贸流通新支撑。2016年4月，《成渝城市群发展规划》指出要深化重庆全国统筹城乡综合配套改革试验区建设，全域推进城乡统筹发展；并提出要把万州打造成为成渝城市群中的渝东北区域中心、长江经济带重要节点城市。"万开云"板块城乡商贸区域一体化统筹发展，有利于构建形成以万州为核心、开县和云阳为拱卫的城乡商贸发展格局，成为成渝城市群商贸流通新支撑。

城乡商贸统筹发展新高地。重庆市是"城乡商贸统筹发展试点区"，是长江上游商贸物流中心。这要求落实五大功能区发展战略，优化城乡商贸资源要素配置，尽快培育形成新的区域增长极与城乡商贸统筹示范区。"万开云"板块城乡商贸区域一体化统筹发展，能够发挥商贸流通业的先导性作用，突出渝东北生态涵养发展区功能定位，强化互联互通，整合城乡商贸资源要素，统筹城乡商贸发展，形成重庆市城乡商贸流通统筹发展新高地。

5.2 "万开云"板块城乡商贸统筹一体化发展思路

遵循五大发展理念，深入实施五大功能区域发展战略，坚持发展第一要务，突出功能定位，强化互联互通，整合资源要素，深化改革开放，建设"万开云"区域统一市场，发展大商贸，培育大企业，搞活大流通，优化商业结构，推动商旅互动发展，改造升级万州区高笋塘、开县新世纪、云阳县中环路等核心商圈，加快三区县高铁站商务区等商业综合体和商贸集聚区建设，打造"购物之城"，不断增强聚合辐射功能，加快流通产业现代化步伐，努力把"万开云"板块建设成为长江经济带重要商贸流通节点、三峡库区区域性商贸物流中心、城乡商贸统筹发展新高地，使商贸流通成为"万开云"板块先导性和基础性产业，引领带动渝东北生态涵养发展区乃至更大区域经济社会加快发展。

按照城乡统筹发展的要求，结合"万开云"板块一体化经济社会发展总体要求，"万开云"板块商贸流通和城乡商贸统筹发展的思路如下：

（1）立足内生动力，一体化创新发展。发挥改革的引领作用，深化"万开云"城乡商贸流通机制、流通模式、流通方式的改革创新，构建高效、畅通、开放的万开云城乡商贸流通体系。

（2）优化产业布局，一体化协调发展。适应"万开云"城乡和区域统筹发展要求，科学规划布局，加强各类商业设施建设调控，防止恶性竞争和产能过剩，逐步构建起万开云区域统筹联动、层次分明、特色彰显、规模适度、结构优化、功能完善的现代城乡商贸流通网络布局，推动实现区域城乡商贸流通产业一体化协调发展。

（3）依托禀赋优势，一体化绿色发展。发挥商贸流通产业先导性作用，结合"万开云"板块特色加工业、特色农业和旅游资源优势等绿色资源，推动工商、农商、商旅联动，构建高效、合理的"万开云"城乡产业发展链和市场分工链。

（4）融入国家战略，一体化开放发展。紧密契合长江经济带、成渝城市群发展、五大功能区等发展战略，从更高层面谋划"万开云"板块城乡商贸发展，细化板块功能分担，在主动融入国家战略中寻求发展契机，在承接、服务、配套国家及区域发展战略实施中加快城乡商贸发展。

（5）坚持以人为本，一体化共享发展。以满足和扩大"万开云"城乡居民的消费需求为根本出发点，充分体现方便生活、服务大众的方针，科学配置商业设施，合理利用商业资源，为"万开云"城乡居民提供良好的消费服务环境和条件，使"万开云"城乡居民共享城乡商贸流通改革收益。

5.3 "万开云"板块城乡商贸统筹一体化发展战略

5.3.1 创新驱动战略

经济体系本身存在着一种既破坏均衡又恢复均衡的力量，那就是创新活动，正是这种创新活动推动着经济的发展，这是熊彼特创新经济理论所指出的。熊彼特所说的创新活动就是"执行新的组合"，即在生产体系内部建立一种新的生产函数，引入并执行一种从未有过的生产要素和条件的"新的组合"。在经济建设中也需要应用新工具、新方法、新渠道。

在"万开云"板块城乡商贸流通发展中,要加快推动商业模式创新。大力发展自主经营、供应链管理、品类管理、连锁经营等商业模式,引导商贸企业探索自主采购、贴牌生产、自有品牌商品开发等自主经营方式,引导零售商与供应商合作进行品类管理。大力发展连锁经营,推进发展直营连锁,规范发展特许连锁,引导发展自愿连锁,支持餐饮、零售等行业通过连锁方式走出去发展。结合独有的"万开云"板块城市特色,打造"美景""美食""美人"相结合的特色消费,同时,运用高新技术简化购物环节,打造智慧商圈,加强购物安全,提高购物效率。

5.3.2 开放合作战略

发达地区的成功经验说明,借力发展是快速崛起的必由之路。要实现经济发展的大跨越,必须善于借助外力。必须把握经济全球化和区域经济一体化的发展大势,立足自身的区位条件、资源优势和产业特色,以世界的眼光、战略的思维、博大的胸怀来谋划发展、扩大开放,积极在利用国际、国内两种资源、两个市场中寻找发展机遇,拓展发展空间,尽快构建内外联动、互利共赢、协作发展的开放型经济体系。"万开云"板块商贸流通发展必然需要开放合作。

坚持"引进来"与"走出去"双向开发,形成"包容性""开放性"与"多元化"的商业文化氛围,建立与国外合作的商业组织机构,形成一大批大型跨国商业集团。加大力度引进国内外知名品牌和商家,建设国际化生产采购基地,吸引外来消费购物与生产采购,大力培育外贸出口企业和服务外包产业。

5.3.3 品牌提升战略

随着市场经济的日益完善和市场竞争的不断加剧,产品同质化现象越来越严重,企业很难通过产品质量、价格、渠道方面的差异来获取竞争优势,企业间的竞争已上升为企业品牌之间的竞争,品牌之间的竞争归根到底是品牌文化的竞争。品牌文化是在品牌经营中逐渐形成的,它通过品牌与消费者的文化交融,赋予了品牌独特的个性,使品牌形成附着于产品和企业的品牌形象,从而建立起品牌的精神王国。品牌文化能够与消费者建立紧密的情感联系,提升品牌的价值,为企业带来丰厚的利润,使品牌在市场竞争中长盛不衰。对商圈和特色街区来说品牌文化也是至关重要的。

加大建设和完善百亿商圈、百亿市场、百亿企业、名牌特色街及商品品牌力度，全面提升"万开云"板块在长江经济带和全国的美誉度与影响力。加快建设高品质商务楼宇、名品名店一条街等高端商务商贸设施，实施高层次服务配套，完善品牌企业、品牌商品引进激励政策，引进国际、国内知名品牌企业，发展一批国际知名品牌、顶级品牌专卖店、精品店、品牌专柜，汇聚国内外一线品牌。同时，加强创意设计、品牌包装、营销策划和宣传推介，培育壮大本土自主品牌，发展地方特色品牌。

5.3.4 主体壮大战略

市场主体是社会财富的主要创造者，是经济社会发展的主要推动力量，只有市场主体充分发育发展，才能保持区域经济发展的活力和后劲。国外发达国家、国内先进省份的发展经验表明，市场主体的健康和活跃程度，直接影响着当地的市场化程度、经济发展速度和综合实力水平。市场主体在"万开云"板块商贸流通发展中发挥着巨大作用，应着力培育壮大主体。

大力培育市场主体。鼓励创业发展，促进小微市场主体快速增长；突出转型升级，推动骨干企业上规模提升质量，着力培育本土化、根植化骨干企业，支持有实力的大企业积极开展跨区域并购重组、进行产业布局、拓展发展领域和空间，扶持重庆商社集团连锁企业在区域的发展，扶持本土企业的成长；强化招商引资，吸引聚集优质企业主体，引进国内外大型品牌商贸企业集团，形成一批经营主业突出、管理技术先进、核心竞争力强的大型商贸流通骨干企业。

5.3.5 消费引导战略

在社会主义社会，人们的生活消费不完全是自发的，而是有一定目的和计划的。它反映着社会主义生产关系的本质特征，反映着社会主义物质文明和精神文明相结合的生活方式，因此，社会有必要也有可能对消费进行引导。对消费进行引导有助于协调产需矛盾，正确安排生产与生活的关系，使社会生产较多的消费品，使人们获得较多的消费，变革落后的生活习惯，建立有益于社会的文明消费与美化人民生活，促进社会经济的良性循环与迅速发展。合理实施消费引导战略，使消费者更好更多地消费，促进"万开云"板块商贸流通更顺利向前发展。

根据社会经济生活的新常态、新趋势，培育新的消费热点，引导信贷、租赁等新型消费方式，推进网上购物等新型购物方式，逐步降低银行刷卡费率，推行电子支付、电子结算和交割方式，提高居民消费预期，增强消费意愿，挖掘培育本地消费主体，同时加强城市形象宣传与营销，发展城际旅游，发展都市旅游购物，大力吸引外来消费。加强著名品牌的引进及本地品牌的打造，构建符合各层次购买者需求的消费体系，同时，努力提供多品种、高质量的商品，营造安全、舒适、独具特色的休闲娱乐购物场所，激活扩大本地消费，吸引集聚外来消费。

5.3.6 环境优化战略

由于人类物质文明的发展和生活水准的提高，商圈和门店不单纯是商品买卖的场所，而应是融生活情趣、文化修养、休闲娱乐为一体的消费生活空间。购物环境直接影响着消费者的购物心理和购物行为，良好的旅游购物环境能诱发消费者的购物欲望，促进消费。良好的购物环境是城市商圈或商业中心区持续健康发展强有力的保障，是推动"万开云"板块商贸流通发展的"润滑剂"。

坚持"商住分开、人车分流、立体开发、集中打造"的理念，把城市商圈建设成为特色鲜明、业态优化、设施先进、配套完善、信息化水平较高的现代化都市购物消费中心。着力提升万州区高笋塘、开县新世纪、云阳县中环路城市成熟商圈档次，优化形象，强化功能，凸显特色，提高集聚辐射能力。加快城市新兴商圈和商业街建设，并结合商圈的特色，营造一个整体上品类齐全、层次鲜明、舒适、安全、便捷的购物环境。

5.3.7 流通现代化战略

流通现代化是指在实体经济以信息化带动工业化的进程中，对传统流通格局中的商流、物流、资金流和信息流所进行的全面改造和提升，以便全面、系统、大幅度地提高流通的效能。现代化的流通方式以最低的资源、人力耗费（流通成本），以最短的时间将产品送入消费领域或再生产领域，从而减少甚至避免商品、货品处于实际上的闲置状态。这有利于"万开云"板块商贸流通发展的高效运作。

大力发展省际交通运输及区内城际交通，扩大"万开云"板块商贸流通的辐射范围。积极引进和建设大型物流公司及园区，将产业园区、物流基地、交通枢纽相结合，实现人畅其行、货畅其流。加快新型业态发展和新技术的应用，推进电子商务、连锁经营、现代物流、网上购物等现代流通方式的发展，提高商业资讯化水平，建设现代化的"万开云"区域性商贸物流中心。

5.3.8　产业联动战略

自竞争战略家波特 1990 年提出产业集群理论（industry cluster theory）以来，产业集聚现象就受到世界的广泛关注。产业联动是指在一个区域的产业发展中，不同地区通过产业结构的战略调整，形成合理的产业分工体系，实现区域内产业的优势互补，实现区域产业的协同发展，从而达到优化区域产业结构、提升产业能级、增强区域产业竞争力的目的。实施产业联动战略，能增强各地区产业之间的互补、合作与相互作用的关系，推动"万开云"板块商贸流通发展。

大力发展旅游业、会展业、餐饮住宿业、休闲娱乐业、文化创意业等协同产业，推动产业联动发展，夯实"万开云"板块商贸流通发展的产业基础。依托三峡库区和"万开云"板块丰富独特的旅游资源和独具魅力的山水城市特色，实施"大项目、大投入、大营销"三大战略，全面开展系列旅游主题年活动，着力打造高峡平湖明珠、汉丰湖、雪宝山国家森林公园、张飞庙、龙缸国家地质公园等旅游精品。发挥大型文化基础设施作用，挖掘三峡文化内涵，发展文化、艺术、影视等高品位消费，拉动文化创意消费。建设以美食街（城）为主要载体，高档饭店（酒店）商务型餐饮，城市商圈综合配套型餐饮，满足不同层次的休闲娱乐购物消费需求。

5.3.9　区域协同战略

协同论[①]认为，一个系统中各子系统和各要素的"协同"会使无序转化为有序，使分散甚至相互抵触的成分转变成有序的整体合力并形成整体功能；反之就无法形成合力，无法形成整体功能和整体效益。

努力推动"万开云"板块商贸流通产业协调发展。根据各功能区的不同实际，进行分类指导，推动各个功能区实现商贸流通错位布局、差异发展、特色

---

① 由赫尔曼·哈肯（H. Haken）在 20 世纪 70 年代创建的一门交叉学科。

发展，最终实现协调发展、齐头并进。

坚持以城带乡、以乡促城的战略思想，加快改善村级道路，将城市购物商圈构建与农村田园风光旅游业发展结合起来，扩大商圈商品种类及层次，满足农村居民的消费需求。同时，新建、改扩建一批农产品批发市场和农贸市场、菜市场，

5.3.10 集聚发展战略

马歇尔在1890年就开始关注产业集聚这一经济现象，并提出了两个重要的概念，即"内部经济"和"外部经济"，他认为，导致产业集聚的原因不在于区域产业空间的扩大和企业层面生产规模的扩大，而在于社会层面的规模报酬递增的外部经济性，即这种外部经济性主要是因为组织化的生产而产生。此外还有韦伯的区位集聚论、熊彼特的创新产业集聚论、E.M.胡佛的产业集聚最佳规模论、波特的企业竞争优势与钻石模型等。集聚能使"万开云"板块商贸流通发展中产生更大的规模效应，低成本高效益，因此必须采取集聚发展战略。加强城市商圈、专业市场群、商业街等建设，加大现有市场资源的整合力度，强化资源集聚和辐射，努力成为长江经济带商贸流通重要节点和三峡库区区域性商贸物流中心。

6 "万开云"板块城乡商贸统筹一体化的区域布局

6.1 "万开云"板块城乡商贸统筹一体化区域布局思路

6.1.1 "万开云"板块城乡商贸统筹一体化发展的总体要求

按照"全域统筹、三城联动、产城融合、一体化发展"的总体要求,统筹优化"万开云"板块城乡商贸流通功能布局、行业布局和空间布局,一体化推进"万开云"板块城乡商贸流通业发展。"万开云"板块商贸流通业发展以满足生产生活需求和提升产业核心竞争力为目标,加强商贸流通体系建设,促进商贸流通业的创新、融合、集聚、优化发展,增强商贸流通业对周边地区的服务功能,逐渐形成以万州为核心,开州、云阳为节点的辐射渝东北、鄂西、陕南、川东北的三峡库区域性商贸物流中心,将"万开云"板块打造成为渝东北现代商贸服务集聚高地。

6.1.2 "万开云"板块城乡商贸统筹一体化区域布局的总体思路

按照《"万开云"板块一体化协同发展规划(2016—2020年)》中万州组团、开州组团和云阳组团的功能定位,万州区重点提升中心枢纽、开放口岸及高端服务业、高端制造业集聚区等核心功能，开州区重点提升城区服务和商贸旅游功能，云阳县重点提升城区商贸、旅游、航运等特色功能。按照上述功能定位，万州区商贸流通业发展重点为高端商贸、商务、生产性服务、现代物流等现代商贸服务业，发挥集聚和辐射作用，突出对"万开云"板块商贸流通业发展的引领和带动作用；开州区、云阳县商贸流通业发展应重点立足于满足本区域居民的生活生产需求，结合本地旅游资源优势，大力发展与旅游业配套的旅游商业，实现旅游业和商业的互动融合发展。图6.1为"万开云"板块商贸流通空间布局示意图。

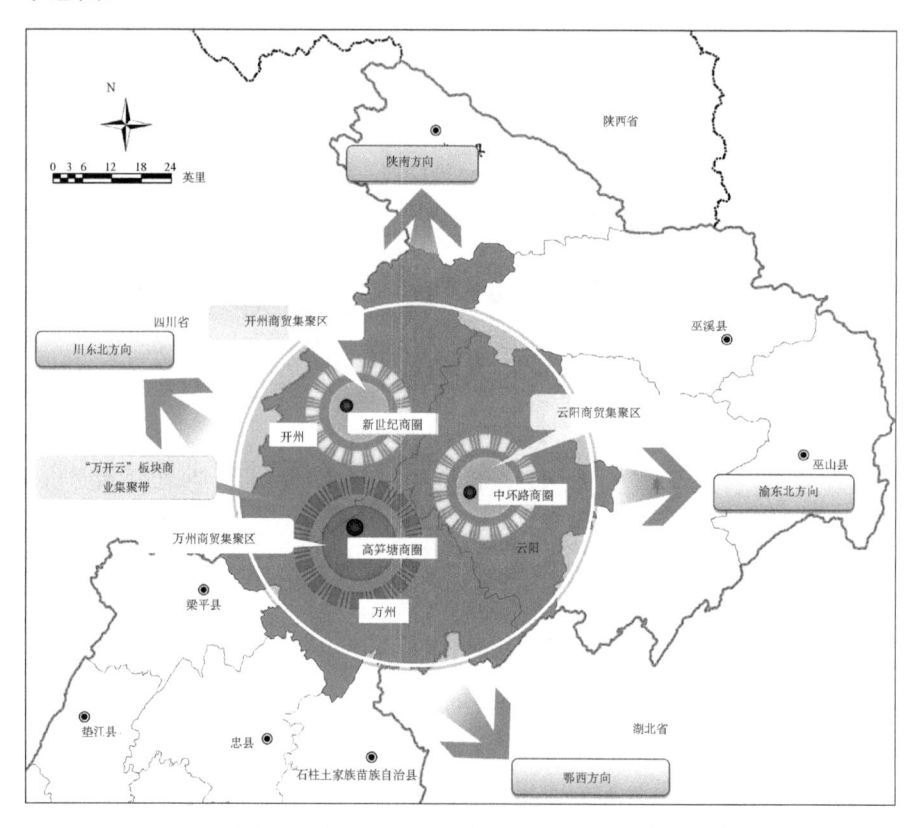

图6.1 "万开云"板块商贸流通空间布局示意图

6.1.3 "万开云"板块城乡商贸统筹一体化区域布局的重点任务

1）统筹发展规划

加强万州、开州、云阳商贸流通业规划布局的战略性合作，形成"万开云"

板块商贸流通集聚带。鼓励区域内贸易的合作与发展，通过建立产业链条关系、协作配套关系、商品购销关系、代理销售关系、连锁加盟关系、特许经营关系，促进"万开云"板块商贸流通一体化发展，建成辐射渝东北、鄂西、陕南、川东北的区域性商贸中心。

2）提升商业能级

重点改造升级万州区高笋塘、开州区新世纪、云阳县中环路等核心商圈，加快各区县高铁站商务区等商业综合体和商贸集聚区建设，打造"购物之城"。提升专业市场群的规模和档次，做大做强消费品专业市场、生产资料市场、农产品专业市场及特种行业市场，增强集聚辐射功能。

3）商旅融合发展

围绕"长江黄金旅游带精品腹地"建设目标，整体开发打造"万开云"板块旅游路线，重点结合万州区"高峡平湖明珠"城区旅游中心、开州区乡村休闲旅游及云阳龙缸国家地质公园，积极发展与旅游业配套的商贸服务业，实现商旅融合、区域互动发展。

4）推进流通现代化

大力发展连锁经营，鼓励在万州落户的品牌零售商场、专卖店到开州、云阳设立分店，开设连锁店。建设集商品交易、物流快递、配套服务等于一体的"万开云"板块电子商务产业园，加快电子商务配套体系建设，通过电子商务与传统商贸的融合，实现"万开云"板块实体商贸的联动互融。

5）大力发展物流业

依托长江黄金水道、高速公路、铁路、五桥机场等交通条件，合理布局物流园区及物流节点，完善航空、公路、铁路、水运高效衔接的多式联运集成设施，进一步提升沿江集疏运水平，形成区域物流集聚效应。加快构建以万州为枢纽，云阳为辅助的万开云综合物流园区。重点支持万州区建设新田港口物流园、天城董家市场物流园和三峡库区农产品物流配送中心，以及航空第三方物流、快递物流、保税物流、冷链物流，建设区域性大宗商品和重要原材料物流集散基地。开州区重点建设万州经济技术开发区B区物流园、白家溪港口物流园和城区日用百货、大宗商品生活物流园区。云阳县结合重庆至武汉沿江铁路云阳复兴站的建设，重点建设翻坝物流中心、黄岭综合物流园，配套建设"云开"快速物流通道、云万滨江快速物流通道，承接三地乃至库区水运、高速公路、铁路货物运输快捷转换，如图6.2所示。

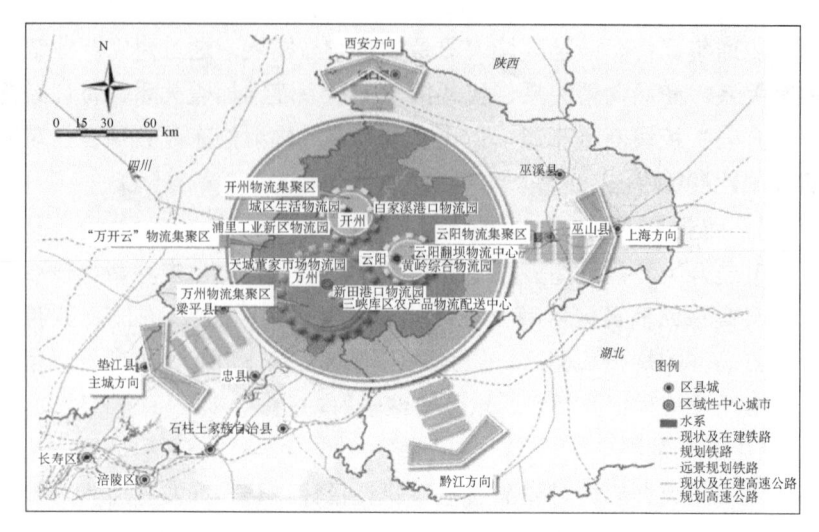

图 6.2 港口物流布局规划图

6.2 万州城乡商贸统筹发展区域布局

6.2.1 区域布局总体思路

围绕"重庆第二大城市、三峡库区经济中心"定位,万州区城乡商贸流通业重点围绕"一心两园",以中央商业区、中央商务区、中央活动带、中央批发购物区为中心,以城市区域性商业中心(城市商圈)为节点,以社区商业(社区便民商圈)为基础,以大型零售网点、特色商业街、市场物流为支撑,以点带面,点面结合,形成重点突出、特色鲜明、层次清晰、布局合理、功能完善的现代城乡商贸布局体系(图 6.3)。

6.2.2 城市商业中心布局

城市商业中心布局包括市级商业中心、区域性商业中心两个层面。

6.2.2.1 市级商业中心

市级商业中心由高笋塘市级核心商圈、江南中央商务区、北滨路中央活动带、高铁中央批发购物区四部分构成。

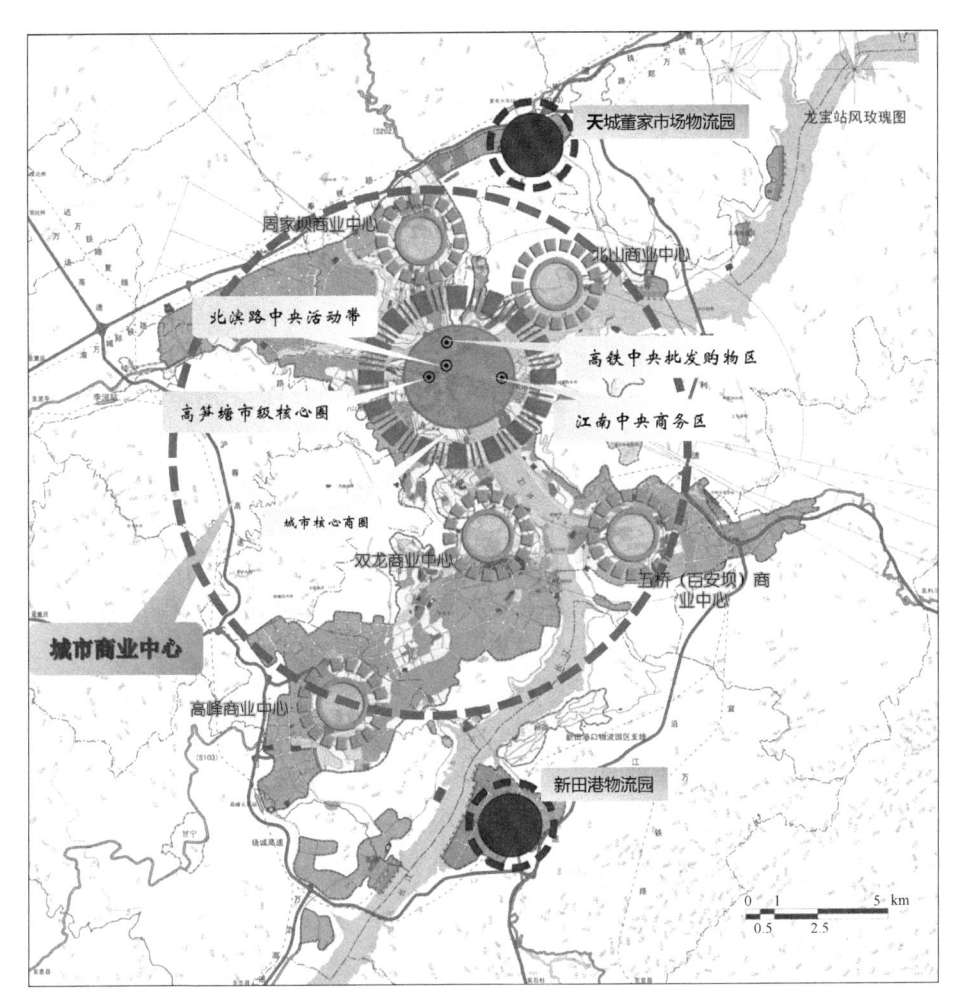

图 6.3　万州商贸流通空间布局示意图

1）高笋塘市级核心商圈

高笋塘市级核心商圈是三峡库区商贸流通中心和现代服务中心的核心区域，是展示万州乃至重庆直辖市新貌的窗口和大都市商贸形象的标志性区域。发展定位为渝东北及三峡库区基础设施配套、交通网络畅达、功能分区合理、生态环境优美、城市繁荣，最具吸引力的现代化综合性商贸中心，成为"三峡名片、城市客厅、市民乐园、消费天堂"。

重点突出商贸购物、商务酒店、金融证券、餐饮服务、文化娱乐、休闲健身、观光旅游七大功能，布局购物中心、百货商场、综合超市、专业卖场、餐饮娱乐、多功能影院、主题广场七大业态模式，形成商贸购物区、商务酒店区、金融保险区、文化娱乐区、餐饮休闲区、中高档住宅区六大功能区。

2）江南中央商务区

江南中央商务区定位为三峡库区现代商务中心、金融中心、总部基地，展示万州区新形象的窗口和大都市形象的标志性区域，万州未来中央商务区。

江南中央商务区由南滨商务区、南滨生态休闲服务区两大商业板块构成。南滨商务区主要发展购物、会展、金融、保险、旅游、酒店、特色餐饮、休闲娱乐等现代服务业，重点布局五星级酒店、三峡国际会展中心、江南购物中心、江南商业步行街、三峡金融街，打造游艇产业园，引进一批金融机构、区域性企业总部、贸易企业和旅游服务企业，体现现代都市风情；南滨生态休闲服务区，以南山公园为依托，突出生态居住、休闲服务功能，在道路内侧布局超市、餐饮、休闲、娱乐等商务服务设施，形成宁静、优雅的居住和休闲环境。

3）北滨中央活动带

北滨中央活动带，是展示万州乃至重庆直辖市新貌的窗口和大都市商贸形象的标志性区域之一，建设成为万州区最聚人气的旅游休闲观光区，成为万州区最富活力的新经济增长点、万州区最具潜力的商业经济带。

北滨中央活动带由北滨商务区、休闲健身娱乐区、天仙湖商贸服务区三部分构成。北滨商务区布局商贸、商务、住宿、休闲、娱乐等商贸服务设施，重点建设万达广场、城市之星商业综合体、四星级酒店等城市商贸地标，提升商贸中心的品位；休闲健身娱乐区以北滨公园、三峡体育中心、三峡游泳馆为支撑，重点发展体育健身、体育旅游和体育竞赛等体育休闲产业，配套布局餐饮连锁店、体育用品、传统服饰、咖啡酒吧、音乐茶座等商贸服务网点；天仙湖商贸服务区重点布局集旅游、观光、餐饮、休闲、娱乐等功能于一体的十里水岸休闲观光长廊、"亲水赏湖、休闲怡情"的现代商贸服务业集聚区及平湖生态休闲走廊新景观，重点建设"盛世万州"廊桥、水上嘉年华、三峡帆影酒店、滨水商业美食街等项目。

4）高铁中央批发购物区

高铁中央批发购物区，依托高铁综合枢纽和董家市场物流园区建设，成为三峡库区批发购物中心及万州新的市级商业中心。

高铁中央批发购物区由总部集聚区、商业购物区和电子商务集聚区三部分组成。总部集聚区布局能够满足批发商经营管理及商务办公需求的商业楼宇群，成为区域批发商总部集聚地；商业购物区依托综合商业步行街，布局大型商业综合体，集购物中心、百货店、大型超市、专业店、专卖店等零售业态于一体；电子商务集聚区布局三峡库区电子商务产业园，集电子商务中心、区域结算中心、电子商务数据中心、订单生成中心、电子农商中心和科技研发中心于一体，成为三峡库区电子商务发展高地。

6.2.2.2 区域性商业中心

区域性商业中心主要包括五桥（百安坝）、周家坝、北山、双龙、高峰五个商业中心。

1）五桥（百安坝）商业中心

五桥（百安坝）商业中心定位为综合型文化商业中心，突出校园、文化、体育和休闲商业服务特色，重点布局购物中心、综合超市、专业店、专卖店、专业市场，配套布局餐饮、休闲、娱乐商贸服务设施，打造集购物、文化、休闲于一体的特色商业复合中心。

2）周家坝商业中心

周家坝商业中心定位为区域便利型商业中心，以满足居民日常生活性商业网点布局为重点，积极发展商业综合体、大型超市、专业店、专卖店等业态，配套布局餐饮、生活服务、休闲娱乐和其他服务设施，打造特色便利性商业集聚区。

3）北山商业中心

北山商业中心定位为购物休闲型商业中心，包括购物、美食、休闲、酒吧、娱乐等主题商区，重点布局百货店、超市、专卖店等业态，配套电信、银行等服务业，打造万州商贸服务业发展新增长极。

4）双龙商业中心

双龙商业中心定位为现代商贸物流中心，依托红溪沟港区、火车站商贸城、岩上坝商贸区，重点布局大型专业市场、仓储物流企业，配套布局中小型零售商业网点，打造具有重要影响力的区域性商贸物流中心。

5）高峰商业中心

高峰商业中心定位为综合型商业中心，布局购物中心、百货店、连锁超市、专业店、专卖店等业态，适度布局便利店、餐饮店，配套布局文化娱乐服务网点，打造以商业功能为核心，以都市居住为依托的综合型新都会。

6.2.3 社区商业布局

遵循万州区城市总体规划，按照"51015"[①]便民商圈的目标，在人口分布

---

① "51015"即建成社区便民商圈，出家门5min可到达社区便利店，10min可到达社区超市，15min可到达购物中心。

集中居民区布局社区便民商圈。按照城区天城片区、龙宝片区、江南片区、经开片区四大片区进行布局。

6.2.3.1 社区商业布局总体要求

社区商业按居住人口规模和服务的范围可分为小型社区全民商圈、中型社区全民商圈和大型社区全民商圈，各级社区商业设置规模可参照表6.1的规定，社区商业的功能业态组合可参照表6.2的规定。

表 6.1　社区商业分级表

分类	指标		
	商圈半径/km	服务人口/万人	商业设置规模/万 m^2 建筑面积
小型社区便民商圈	≤0.5	1	≤1
中型社区便民商圈	≤1.0	2	≤2
大型社区便民商圈	≤1.5	3	≤3

表 6.2　社区商业的功能、业态组合

分类	业态组合		
	功能定位	必备型业种及业态	选择型业种及业态
小型社区便民商圈	保障基本生活需求，提供必需生活服务	菜店、食杂店、报刊亭、餐饮店、理发店、维修、再生资源回收店	超市、便利店、图书音像店、美容店、洗衣店、家庭服务等
中型社区便民商圈	满足日常生活必要的商品及便利服务	菜市场、超市、报刊亭、餐饮店、维修、美容美发店、洗衣店、再生资源回收、家庭服务、冲印店	便利店、药店、图书音像店、家庭服务、照相馆、洗浴、休闲、文化娱乐、医疗保健、房屋租赁等中介服务等
大型社区便民商圈	满足日常生活综合需求，提供个性化消费和多元化服务	百货店、综合超市、便利店、药店、图书音像店、餐饮店、维修、美容美发店、洗衣店、沐浴、再生资源回收、家庭服务、照相馆	专卖店、专业店、旅馆、医疗保健、房屋租赁等中介服务、宠物服务、文化娱乐等

6.2.3.2 社区商业具体布局

按照城区四大片区进行布局，天城片区布局塘坊、董家市场物流园、申明坝等10个社区商圈，龙宝片区布局袁家墩、土堡、太平等11个社区商圈，江南片区布局陈家坝、密溪沟、联合坝等6个社区商圈，经开片区布局新田、高峰、窝子冲3个社区商圈，各社区商圈布局情况如表6.3所示。

表6.3 万州区社区商业布局表

序号	区位	属性	商圈名称	商业核心区
1	天城片区	外向	塘坊社区商圈	桃花路、塘坊大道转盘、高铁站
2		外向	董家市场物流园社区商圈	德千路、龙护路
3		中间	申明坝社区商圈	凤仙路中心商场、休闲运动广场
4		外向	周家坝救兵城社区商圈	天城购物区、"心连心"文化娱乐区
5		内向	上坪社区商圈	青华路社区、上坪社区
6		中间	名亨-映水坪社区商圈	名亨步行街、万州美食城
7		内向	沙河子社区商圈	青年路
8		外向	枇杷坪社区商圈	北山大道、白虎路、青龙路
9		内向	驸马-青草背社区	驸马村
10		外向	周家坝周家社区商圈	兴茂购物广场、现代城、汽车北站
11	龙宝片区	中间	袁家墩社区商圈	王牌路
12		中间	土堡社区商圈	土堡小区
13		中间	太平社区商圈	金龙豪爵别墅区、度假村
14		中间	牌楼社区商圈	红花路
15		中间	大河沟社区商圈	沙龙路二段
16		中间	九池社区商圈	商圈西部及东部综合商业步行街
17		中间	观音岩社区商圈	沙龙路三段、科园路
18		中间	双河口社区商圈	龙安路、滨河路、龙宝大街
19		中间	龙宝社区商圈	龙科路
20		中间	龙都红溪沟社区商圈	龙都广场
21		中间	三峡移民广场社区商圈	王牌路、静园路、津滨路
22	江南片区	中间	陈家坝社区商圈	南山路及江南大道
23		中间	密溪沟社区商圈	密溪沟香谷环湖生态休闲服务区
24		中间	联合坝社区商圈	南滨大道沱口
25		内向	五桥社区商圈	安顺路、安居路、安康路
26		中间	百安社区商圈	上海大道
27		中间	学府社区商圈	学府广场
28	经开片区	中间	新田社区商圈	新田港口物流园
29		中间	高峰社区商圈	兴隆路、兴隆支路
30		中间	窝子冲社区商圈	永佳路、杨柳路

6.2.4 镇级商业布局

镇级商业按"七个一"要求建设布局，即一个商业中心、一条特色商业街、一个专业（特色）市场、一家品牌购物中心或连锁超市、一个商业示范社区、一个餐饮名店、一家星级农家乐。通过改善商业街区和集贸市场购物环境，引进现代商业业态，提升镇级商业档次。重点建设分水、武陵、龙驹3个小城市商贸中心，余家、龙沙、白羊、熊家、罗田、甘宁等一批镇乡商业中心。

6.2.4.1 镇级商业布局总体要求

按照"商住分开、人车分流、立体开发、集中打造"的原则，规划建设商业中心街区；以场镇人均面积 $0.3m^2$ 以上，间距 800m 左右为标准优先建设综合农贸市场；发展适合当地特点的专业市场、特色商业街；发展超市、专业店、便利店及专卖店等新兴业态，引进大店、名店开办连锁超市；在区位优势突出、产业特色鲜明的中心镇，可设置商品交易市场。

6.2.4.2 镇级商业布局实例

1）分水镇商业布局

分水镇商业布局的总体构想是"125"模式，即一个商业中心区、两个物流小区、五个集贸市场。

商业中心区定位为集购物、餐饮、休闲等于一体的镇域综合性商贸中心。主力业态为百货店、超市、专业店、专卖店、便利店和专业市场等，配套设置信用社、银行等金融服务设施，以及其他文化休闲设施。

两个物流小区即火车站物流小区和张家嘴物流小区。火车站物流小区依托渝万高速、达万铁路、318国道及客运车站，定位为物流、仓储、货运，重点建设三峡燃气集团燃气仓储、危险化学品储运中转站和客运站；张家嘴物流小区，定位为以白酒、粮油及农资交易、仓储为主的物流小区，重点建设重庆诗仙太白酒业（集团）有限公司酒厂仓储基地、恒泰供销有限责任公司化肥仓储中心、粮油批发市场。

五个集贸市场分别布局在培文、三元、大兴、黄泥、枣园片区。定位为边贸交易，在边贸市场基础上，发展相应的专业店、便民店及餐饮店，配套设置邮政代办所及农信社。

2）武陵镇商业布局

武陵镇商业总体布局为"1+1"模式，即重点打造1个商业中心区、1个旅游商贸区。

商业中心区功能定位为集购物、餐饮于一体的镇域综合性商业服务区，业态以超市、专卖店、农资超市和市场为主，重点布局精品名店，改造畜牧专业市场和综合农贸市场。

旅游商贸区结合旅游资源的开发，定位为商贸、餐饮和休闲旅游观光，主力业态为特色餐饮店、住宿店，按照旅游镇的标准发展旅游接待设施。重点布局仿宋一条街，成为集餐饮和休闲旅游观光于一体的旅游休闲街；打造水上娱乐中心和特色景观区，结合水上游乐中心的开发建设，修建富有地方特色的民居或农家乐。

3）龙驹镇商业布局

龙驹镇商业布局的总体构想是"123"模式，即一个商业中心区、两条特色商业街、三大市场。

商业中心区定位为综合性商业服务，重点布局连锁超市、便利店、专业店、专卖店、宾馆、特色餐饮店，配置相关的休闲娱乐设施。

特色商业街，即川鄂餐饮美食街和农资一条街。川鄂餐饮美食定位为以餐饮为主，集餐饮、娱乐、住宿于一体的特色街，重点布局特色餐饮店、住宿店，配套设置相关的娱乐休闲设施；农资一条街定位为农资聚集地，重点布局专业店、专卖店，配套设置邮政、金融、电信服务网点。

三大市场即龙驹综合农贸市场、赶场牲畜交易市场和边贸批发市场，重点改建龙驹综合农贸市场、新建边贸批发市场。龙驹综合农贸市场以满足场镇居民的生活需要为主，并为农副产品提供交易场所；龙驹边贸批发市场位于龙驹镇未来建设开发的重点区域，以批发为主，辅之以零售。

4）龙沙镇商业布局

龙沙镇商业布局的总体构想为"113"模式，即一座商贸城、一个商业广场、三条特色街。

龙沙商贸城定位为以购物为主的综合性商业服务区。重点布局服饰专业店、专卖店、连锁超市，配置休闲娱乐设施；龙沙商业广场定位为集购物、休闲、娱乐于一体的商业中心，重点布局超市、专业店、专卖店，适当配置宾馆、特色餐饮及休闲娱乐设施，成为龙沙镇标志性商业中心；三条特色商业街，即龙沙中路餐饮一条街、平安路家具一条街、木材加工一条街，重点建设龙沙餐饮一条街，打造龙沙特色餐饮集聚区。

5）余家镇商业布局

余家镇商贸发展定位为特色边贸镇，商业布局的总体构想为"1+1模式"，即一个商业中心区,一个边境贸易区。

商业中心区定位为集购物、休闲于一体的镇域综合性商业服务中心,重点布局超市、专卖店、便利店、餐饮店,配置邮政代办所、信用社、银行等金融服务设施及其他文化休闲设施;边境贸易区以边境贸易为主,重点布局农资店,成为以农资交易为特色的边境贸易区。

6.2.5 特色商业街布局

万州区重点布局购物、服装、餐饮、娱乐、汽摩、建材等符合现代消费时尚趋势的特色商业街,突出其在聚集商业资源、实现集约经营、扩大影响等方面的作用,构建成完善的特色商业街体系(表6.4)。

表6.4 万州区特色商业街布局表

序号	名称	区位	规模/m²	布局重点
1	新城路服装街	新城路	1000	专业性服饰精品街
2	时尚女人街	双白路新世纪百货旁	600	专业性服饰精品街
3	火锅文化街	王牌路	1500	以火锅为特色,"万州火锅文化街"
4	美食城特色餐饮街	沿天仙湖布局	800	餐饮、休闲、娱乐于一体的特色餐饮街
5	龙都商业文化街	岩上村移民安置新区	500	购物、休闲、文化、娱乐、餐饮、旅游于一体的商业文化步行街
6	观音岩汽车销售专业街	王牌路三段	2000	汽车销售、维修、服务等于一体的汽车专业街
7	五桥明清风情商业街	五桥街道	500	家具、珠宝等主题商店、旅游商品专业店
8	高笋塘商业步行街	高笋塘商圈	3000	知名品牌、精品店、连锁店、专卖店、金融、保险、通信器材、餐饮、酒店、娱乐、休闲于一体的综合商业街
9	万州金街	万达广场	500	以文化创意产业、古玩艺术品经营和老城津韵文化旅游为主要特色,展示"老字号"特色商业街
10	文化体育用品街	天台路	500	图书、音像制品、文具、体育器械等于一体
11	江南商业步行街	陈家坝综合片区中心区	1000	体现现代时尚潮流的休闲步行街
12	九曲花街	江南新区	300	餐饮、休闲、娱乐
13	北滨餐饮休闲风情街	北滨路万安大桥至长江二桥间	1000	酒吧、咖啡厅、西餐厅、特色餐饮

续表

序号	名称	区位	规模/m2	布局重点
14	北滨仿古一条街	天仙湖	1000	旅游商贸、民俗文化、购物休闲、餐饮娱乐的综合性商贸文化街
15	万州特色小吃街	天城大道红星美凯龙商业综合体	300	餐饮、文化、休闲、娱乐于一体的最具地方特色的餐饮文化街
16	夜市餐饮美食街	牌楼万棉厂	300	旅游、休闲、餐饮为一体的"台湾夜市"风情街
17	高铁商业街	高铁商圈	500	金融、文化、购物、休闲、娱乐、居家为一体的现代商业步行街
18	高峰商业街	高峰商圈	500	金融、文化、购物、休闲、娱乐、居家为一体的现代化商业步行街
19	汽车维修街	双河口长青路	300	汽摩配件专业店、专卖店、修理店
20	纺织城商业街	双河口檬子村	500	金融、文化、购物、休闲、娱乐、居家为一体的现代商业步行街

6.2.6 商品交易市场布局

结合万州区资源和区位交通优势，重点布局大型商品交易市场，主要布局在中部主城之外区域。

1）消费品专业市场

万州区现有银河市场、小天鹅市场、光彩大市场、佳信建材市场、万州商贸城、中天广场装饰城、三峡中药城7个工业消费品综合及专业市场，注重提质改造，逐步实现商品展示与物流配送体系分离。随着城市化进程逐步推进外迁，重点建设布局万州国际商贸城、三峡现代医药物流交易配送中心、家居建材城、电子电器通信器材市场、古玩书画艺术品及图书市场、万州旧货市场等重大消费品市场项目。

2）生产资料市场

提质改造凯盛汽车交易市场，重点布局三峡汽博园、商用车市场、万州机械设备市场、三峡农机农具市场、万州农资批发市场、金属材料市场、万州石材市场、万州煤炭市场、竹木及制品市场等重大生产资料市场项目。

3）农产品专业市场

现有宏远市场、钟鼓楼综合市场、双河口果蔬专业市场、粮油批发市场、三峡蔬菜批发市场、瑞池草食牲畜交易市场6个农产品综合及专业市场。在城区布局三峡农产品综合交易市场，主要建设农产品展示交易、冷库冷藏、加工包装、仓储配送等功能区；在回龙村布局三峡花卉交易市场，主要经营花鸟鱼虫，形成全区合理布局，适应市场需求的农副产品批发市场格局。

4）特种行业市场

在董家市场物流园布局二手车交易市场，重点建设二手车交易展示、综合服务大楼、配套生活服务区；在城郊结合部李河镇布局渝东北再生资源交易市场，建设成为万州区最大的再生资源（废旧物资）集散交易中心，以再生资源的回收、整理、加工、储运为主。

6.2.7 仓储物流布局

结合物流需求源分布特点，万州区现代物流系统的运作基础设施网络将采用"综合物流园区-专业物流中心-企业配送中心"三层物流节点模式。综合物流园区是万州区对外开放、对外经贸交流、产业集群的重要节点。专业物流中心大幅度提高万州的物流作业效率和物流作业水平，改善城市生活环境。企业配送中心是大型物流企业或生产企业为提高物流效率、降低物流成本而建设的货物配送场所。

1）综合服务型物流节点布局

综合服务型物流节点包括新田港口物流园和天城董家市场物流园。新田港口物流园是为现代制造业服务的集研发设计、工业物流、展示交易、教育培训、中介服务等于一体的万州最重要的工业物流区；天城董家市场物流园是集批发零售、仓储配送、配套加工、展览展示、电子商务、信息集散于一体的库区最大的物流枢纽和商品交易集散区。

2）货运服务型物流节点规划

货运服务型物流节点包括苏商港口物流基地、吉田物流园基地、驸马港口物流基地3个陆港物流及万州机场1个空港物流。

3）生产服务型物流节点规划

生产服务型物流节点即高峰、姜家物流节点，主要布局工业原料辅材、工业新产品进出、中转、仓储和危险化学品物流。

4）商贸服务型物流节点规划

商贸服务型物流节点即双周物流基地，主要布局建筑建材、矿石材料和散货物流。

5）其他专业物流节点规划

粮食物流园区，集专用码头、批发市场、交易信息系统、仓库（油罐）、物流配送、电子商务平台、粮油质量检测系统、配套的粮油加工厂为一体，具有区域辐射功能的三峡库区现代粮食物流中心；桐子园物流节点，主要为危险品、化工产品提供运输、配送和储存等物流服务，消除市区内的安全隐患；望天嘴物流节点，主要提供专业的钢铁材料物流服务，包括仓储、中转等功能；猴子石物流节点，主要提供成品油物流及仓储服务。

6.3 开州区城乡商贸统筹发展区域布局

6.3.1 区域布局总体思路

围绕"千年开州·灵动水城"定位，以构建渝东北区域性商贸物流枢纽为目标，以完善西部水城城市功能、提高居民生活水平为目的，以建设"购物之城""美食之城""休闲之城"为重点，重点围绕"1个中央商业区，1个环汉丰湖旅游商业带，3个区域商业中心"总体布局，如图6.4所示形成以中央商业区（城市商业中心）为引领，以环汉丰湖旅游商业带为亮点，以西部（竹溪）、南部（赵家）、北部（白鹤）3个区域商业中心为支撑，以社区商圈和镇级商圈为补充的城乡商贸布局体系。

6.3.2 城市商业中心布局

城市商业中心按城市核心商圈、环汉丰湖旅游商业带和区域商业中心三部分布局。

6.3.2.1 城市核心商圈

城市核心商圈围绕"西部水城"建设目标，按"区域级核心商圈"和"百亿商圈"建设，突出购物、餐饮、休闲和商务功能，打造成为功能完善、结构优化、设施先进的三峡库区的中央商业区、"西部水城"消费购物中心、重庆市级核心商圈。城市核心商圈按"五区一道"布局。

1）开州中心商业商务区

开州中心商业商务区是大型主力百货店聚集区。重点布局大型购物中心（shopping mall），内含主力时尚购物城、高端精品专卖、国际影城、休闲酒吧、特色餐饮、健身、高档美容等业态；室内商业步行街，以精品专卖店为主力业态；高层写字楼，开创开州区高端专业写字楼新时代。

2）百成精品商业区

百成精品商业区主要布局专卖店和专业店，重点布局品牌服装服饰专卖店和开州区代表性特色餐饮店等，包括服装专卖店、饰品化妆品专卖店、商务休闲会所、特色餐饮店、茶楼、酒吧、咖啡吧、金融服务等。

3）市民广场名品商业区

市民广场名品商业区定位为"开州区奥特莱斯主题商业区"，主要推导国际知名品牌折扣销售，聚集品牌时尚购物、休闲、餐饮、娱乐、商务等功能，重点布局品牌折扣店、专卖店和专业店，形成开州区较有特色的高端消费区域。

4）永兴批零商业区

永兴批零商业区定位为百货批零市场，以服装、鞋帽、家居用品、日用品、小型生产用品、装饰建材用品等为主，批发零售功能兼具。在零售功能方面，定位为对开州现代商业商务区和百成精品商业区的补充，满足消费者对中低端价格商品购买的需求，辅助布局餐饮、休闲区域。

5）富厚金融商务区

富厚金融商务区重点布局金融服务类专业网点和生活服务类商业网点。金融服务类专业网点布局于富厚街主干道两侧，包括各大金融机构的营业网点、ATM 设施、金融代办网点；生活服务类商业网点主要布局于锦橙路、田园街，包括中小型超市、便利店、专卖店、专业店、餐饮店、休闲娱乐设施。

6）开州大道示范商业区

开州大道示范商业区定位为"开州核心商业区的形象展示区"，商业业态和品牌突出高端、知名、规模化、现代化特色，业态布局以大型百货店、大型超市、知名品牌专卖店、高端专业店、高端餐饮、大型娱乐会所、商务写字楼等为主体，并布局完善的金融、旅游、通信等商业服务设施。

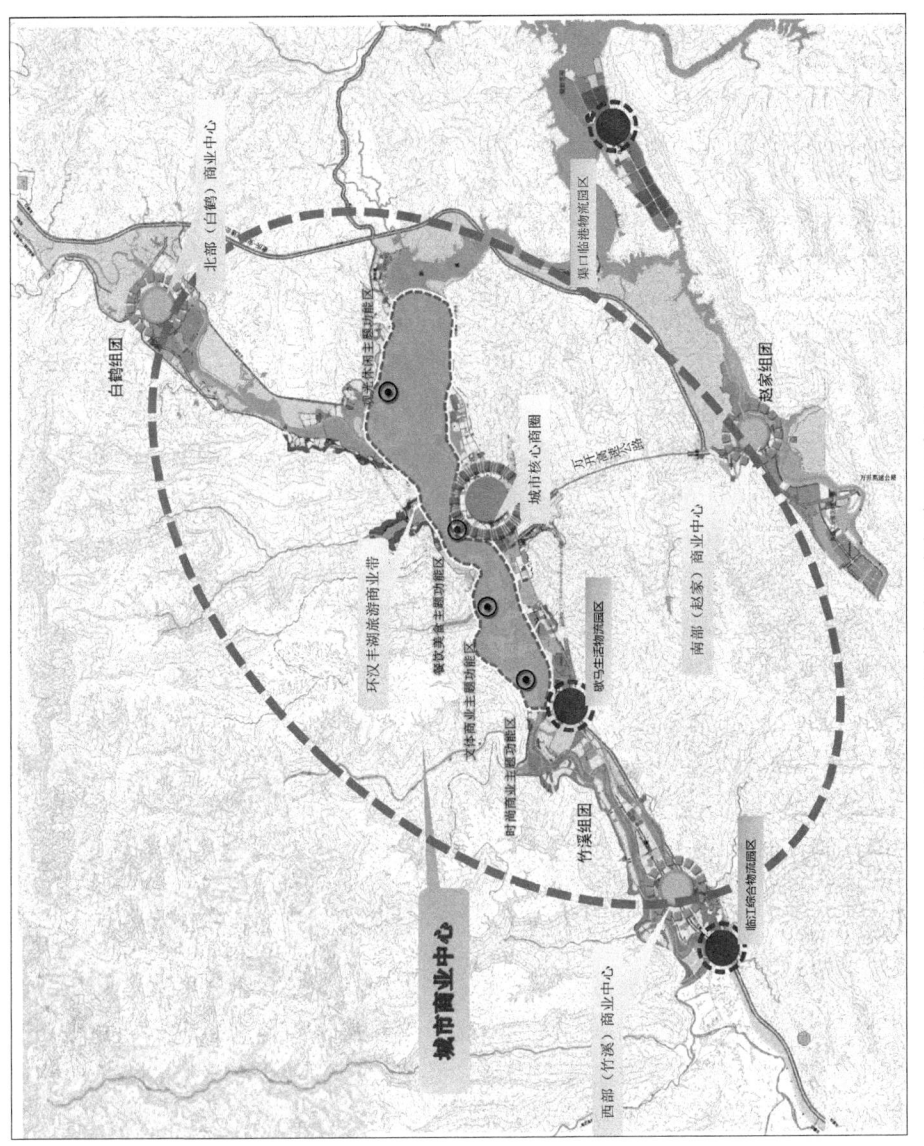

6 | "万开云"板块城乡商贸统筹一体化的区域布局 | 105

图6.4 开州商贸流通空间布局示意图

6.3.2.2 环汉丰湖旅游商业带

环汉丰湖旅游商业带主要服务于旅游购物休闲和生活娱乐需求，以特色化的商业布局形成环湖商业景致，形成"餐饮美食""观光休闲""文体商业""时尚商业"四大类别，"餐饮美食""文化旅游""禅宗休闲""怀旧休闲""湖滨休闲""文化体育""时尚商业"七大特色商业主题功能区。

1）餐饮美食商业布局

布局餐饮美食主题功能区，重点围绕"滨湖美食街"布局餐饮休闲娱乐设施。

2）观光休闲商业布局

包括"文化旅游""禅宗休闲""怀旧休闲""湖滨休闲"四个特色商业主题功能区。文化旅游主题功能区，围绕旅游文化主题，布局以旅游商品、纪念品、土特产等为主的商业零售设施；禅宗休闲主题功能区，通过挖掘禅宗文化元素，开发以静为主的旅游项目，重点布局游客休闲接待中心，适当设置满足游客的零售专业店和开州区特产专营店；怀旧休闲主题功能区：突出怀旧特色，重点布局主题商业街、"老开州区"购物中心、怀旧商业街，突出"老开州区"的商业文化传统，展销传统手工艺、传统美食；湖滨休闲主题功能区，围绕观光休闲主题，布局茶楼、水吧、棋牌、洗浴等与休闲观光相配套的休闲娱乐商业设施。

3）文体商业布局

依托规划馆、展览馆、体育馆等文化体育设施，布局文化体育主题功能区，重点布局与文化体育用品相关联的专业店、专卖店等。

4）时尚商业布局

布局时尚商业主题功能区，包括丰乐坝子沟商业区、丰太商业区和金科开州城商业区三个片区。丰乐坝子沟商业区，重点发展以"动感娱乐"为主题的时尚旅游和商业，布局大型主题游乐园、超市、专业店、专卖店，以及时尚动感的餐饮、娱乐设施；丰太商业区，布局专业店、专卖店，引进知名品牌商家入住；金科开州城商业区，突出购物、餐饮、娱乐功能，重点布局超市、专业店、专卖店等主力业态。

6.3.2.3 区域商业中心

区域商业中心主要包括西部（竹溪）、南部（赵家）、北部（白鹤）三个商业中心。

1）西部（竹溪）商业中心

按照开州区县城"西进"的规划布局，将西部（竹溪）商业中心打造成功能齐备、设施现代的综合性高端商圈，突出购物、餐饮、娱乐、休闲、商务等功能。重点布局"竹溪熙街"主题商业街、大型百货店、大型超市、品牌专卖店和专业店、星级酒店等商业设施。

2）南部（赵家）商业中心

南部（赵家）商业中心以"服务居民，服务产业"为导向，为区域内居民和加工企业提供特色商业服务，突出餐饮、购物、娱乐功能。重点打造赵家商业中心的核心区域，以镇街商业模式为主，通过改造沿街商铺、新建商业设施、引进知名品牌、规范商业管理，形成能够留住消费群体的商业环境。

3）北部（白鹤）商业中心

北部（白鹤）区域商业中心通过前瞻性的商业设施布局，服务于本地消费者和物流园区，突出餐饮、购物、娱乐功能。重点发展餐饮服务业、零售业、休闲和娱乐服务业等，打造百货店、大型超市、专卖店、专业店相结合的多业态商圈。

6.3.3 社区商业布局

社区商业主要针对重点城区社区便民商业进行布局，根据开州区城市发展规划，在中部、北部、南部、西部片区重点布局23个社区商圈。

中部片区即安康-中吉-平桥片区，主要布局安康、凤凰、九龙等9个社区商圈；北部片区含北部新区、丰乐街道，主要布局镇东、睡佛、大丘等6个社区商圈；南部片区含赵家组团、渠口镇，主要布局蔡家、长安、和平等5个社区商圈；西部片区即竹溪组团，主要布局歇马、镇安、竹溪3个社区商圈。开州区社区商圈具体布局情况如表6.5所示。

表6.5 开州区社区商业布局表

序号	区位	类型	商圈名称	商业核心区
1	中部片区	大型	安康社区商圈	安康街、凤凰路
2		中型	凤凰社区商圈	凤凰路北二街
3		中型	九龙社区商圈	人民路、滨湖东路、富厚街北段
4		大型	驷马社区便民商圈	百成街、杨柳路
5		中型	永兴社区便民商圈	永兴街、永兴街南七路

续表

序号	区位	类型	商圈名称	商业核心区
6	中部片区	大型	永先-宝华社区商圈	桔乡路、江北街
7	中部片区	小型	龙珠-平桥社区商圈	桔乡路、汉丰街
8	中部片区	小型	德能·滨海蓝湖社区商圈	滨湖东路、中吉街北端
9	中部片区	小型	中吉社区商圈	南山东路、中吉街南端
10	北部片区	中型	大丘社区商圈	居民聚集区核心地段
11	北部片区	中型	丰太社区商圈	居民聚集区核心地段
12	北部片区	小型	镇东社区商圈	石龙路、北环路
13	北部片区	小型	睡佛社区商圈	北岳街、凤凰街
14	北部片区	中型	华联社区商圈	华联路
15	北部片区	中型	周家湾社区商圈	居民聚集区核心地段
16	南部片区	中型	蔡家社区商圈	居民聚集区核心地段
17	南部片区	中型	长安社区商圈	居民聚集区核心地段
18	南部片区	小型	和平社区商圈	居民聚集区核心地段
19	南部片区	中型	渠口社区商圈	居民聚集区核心地段
20	南部片区	中型	临港社区商圈	临港工业园区内
21	西部片区	小型	歇马社区商圈	歇马生活物流园区旁
22	西部片区	小型	镇安社区商圈	镇安中学附近
23	西部片区	中型	竹溪社区商圈	居民聚集区核心地段

6.3.4 镇级商业布局

镇级商业按照主导型乡镇产业，重点建设集镇商圈，建成临江、长沙、郭家、铁桥4个市级中心镇商圈，岳溪、温泉、大进、敦好、河堰、中和、白鹤等商业重点镇（街道）商圈。按照乡镇商业"五个一"（1个商业聚集区、1个商品交易市场、1个品牌连锁超市、1个知名餐饮店、1个农家乐）工程要求，推进其余乡镇商业设施建设和培育。依托美丽乡村建设，不断完善提升农村村社商业结构，进一步实施"万村千乡"农村市场工程。

6.3.4.1 镇级商业布局总体要求

镇级商业建设要突出重点、布局合理，总量适度、稳步发展。居住人口多、经济条件好的城镇，可按社区型商业模式配置商业设施，商业网点以集中配置为主，与居民住宅相分离，形成相对独立的经营区域，一般要求设置规范的室内综合农贸市场、专业市场、中型综合超市、便利店和若干餐饮服务、文化娱乐等网点；建设培育有一定规模、商业门店集中、街区整洁、灯饰美观和经营特色较突出的商业街。经济欠发达的城镇可根据资源优势，培育发展农副产品交易市场和集贸市场，引进发展各类连锁店、便利店，鼓励发展个体经营户和农副产品贩运大户。各重点镇都要加快引进、发展新兴商贸业态，提升商贸发展层次，注重研究小城镇商业发展的依托点和产业带动性，形成各类产业之间的相互促进与相同发展，提高城镇化与市场化水平，特别是要尽快消除以路为市、占道经营等落后现象。市级重点镇要在规定年度达到示范镇标准，并有满足需要的室内农贸市场、优势专业市场、规模综合市场、旧货市场，场镇人均室内商品交易市场面积达到 $1m^2$ 以上。

6.3.4.2 镇级商业布局实例

1）临江镇商业布局

临江镇是江里片区经济、文化、商贸中心，商贸发达，其物资集散、集市贸易辐射本县竹溪、镇安、铁桥等20多个乡镇及县外梁平、开江、宣汉、万源等地，为重庆市"百镇工程"镇、百个中心镇、百个商贸重镇、45个首批中心镇。

临江镇商贸发展定位为江里片区最大的商贸服务中心，重点布局中心商业街区、商品交易市场、特色文化中心。以中心商业街区步行街拉动专营店、专卖店、中型超市，打造特色商业街区，形成集购物、餐饮、休闲、娱乐和旅游功能为一体的区域性多功能购物中心；建设商品交易市场，在老街区新建工业品批发市场，在适当的沿路地段规划建设2个特色专业市场；建设一个以观光农业为主，"九井十八庙"文化遗产为辅的旅游休闲度假的特色文化中心，带动区域性商贸发展。

2）长沙镇商业布局

长沙镇是开州区南部的交通枢纽和物资集散地，是重庆市市级小城镇建设示范镇、优秀绿化小城镇和文明镇。

长沙镇商贸发展定位为浦里片区最大的商贸服务中心，商业布局重点为：建设中心商业区，培育中型商场2个；在培育工业品市场的基础上，建设果品专业市场、长沙大市场，形成以长沙为中心的商品市场体系；建设培育柑橘特色的配套旅游服务项目，形成橘乡旅游度假中心；发展以代购代销、代储代运、综合服务社为主要形式的村社商业服务网点，健全农村购销服务网络。

3）郭家镇商业布局

郭家镇是开州区东里片区乡镇和四川宣汉县及重庆市云阳、巫溪、城口三县必经之地，属商品集散型部级试点小城镇。

郭家镇商贸发展定位为东里片区最大的物流及商贸中心，商业布局重点为：建立中心商贸街区，形成以郭家镇为中主，辐射周边区县的商品市场体系；建设人民广场、综合超市和畜禽、果品、工业品三大专业市场；发展以畜禽制品、豆制品、天然气为主的物资配送中心，以时装、化妆品、百货、副食为主的连锁超市，发展壮大连锁经营行业，发展专业店和专卖店。

4）温泉镇商业布局

温泉镇是开州区连接开州区东北部的要道，工贸企业及旅游业比较发达。温泉镇以建设渝东北工贸旅游大镇为目标，充分利用自然资源和工矿企业的良好基础，加速发展极具旅游特色和优势的商贸经济。商业布局重点围绕旅游、休闲、特色经济，配套发展商贸服务业，特别是围绕重点优势景区的开发，分层次、分区域建设培育旅游特色街区和专业门店，经营好当地优势土特产品和旅游特色商品。

5）岳溪镇商业布局

岳溪镇位于开州区西南，物产丰富，素有"开州区粮仓"之美誉，属商品集散型小城镇，是开州区西南浦里河上游的"物资集散地"，对相邻的开州区、万州、梁平县具有较强的辐射作用。

岳溪镇商贸发展以开州区西南"物资集散地"为定位，重点布局"商业贸易区"和"农贸交易区"，加快引进发展特色连锁店、专业店、专卖店，培育骨干经营大户，不断增强商贸流通的聚合辐射功能与引导促动作用。

6.3.5 特色商业街布局

开州区重点布局开州步行商业街、滨湖美食街、老城老街、地一国际地下商业街、腾龙建材街、南山车街、老城怀旧商业街、竹溪熙街 8 条特色商业街区（表 6.6）。

表 6.6 开州区特色商业街布局表

序号	名称	区位	规模/m²	布局重点
1	开州步行街	汉丰街道	4000	服装、鞋帽、饰品、化妆品、手工艺品、开州区特产专卖店和专业店
2	滨湖美食街	滨湖路	5000	重点布局特色美食餐馆，配套酒吧、咖啡吧、休闲娱乐会所、养生会所
3	老城老街	汉丰街道	800	老字号店铺、民俗文化展示表演和体验厅（坊）、文化旅游商品销售网点、民间特色小吃店
4	地一国际地下商业街	开州大道中段地下	300	数码通信城、儿童城、美食街、美容美体中心、鞋城、女人街
5	腾龙建材街	汉丰街道	500	建材品牌专卖店、专业店
6	南山车街	南山西路	1000	品牌汽车4S店、汽车配套服务
7	竹溪熙街	竹溪组团	800	大型百货、购物中心、特色餐饮、酒吧
8	老城怀旧商业街	盛山片区	500	综合商场、茶馆、餐馆、特产加工、传统家具店

6.3.6 商品交易市场布局

按照"服务生产、方便生活、辐射周边"的思路，布局一批形态多样、专业突出、竞争力强、辐射力大、信息化程度高的大型专业市场和特色市场，形成以大型专业批发市场和大型综合交易市场为骨干，以中小型商品交易市场为基础，结构合理、分布均衡、各具特色、协调发展的市场体系（表6.7）。

表 6.7 开州区商品交易市场布局表

类型	名称	布局区位	市场定位
农副产品市场	渝东北农产品批发市场	开州区生活物流园区	重庆市二级农产品批发市场
	开州大市场	安康片区帅乡路	集商品销售、信息发布、电子商务于一体的农产品综合交易市场
	中原大市场	中吉片区瑞石街	中吉片区农副产品供给地
	金开大市场	文峰街道富厚社区	农副产品综合交易市场，农产品集中分流节点
农副产品市场	宏展大市场	平桥片区裕安街	小商品及农副产品集散地，乡镇进货主渠道

续表

类型	名称	布局区位	市场定位
工业消费品市场	渝东北家居建材城	开州区生活物流园区	渝东北家居建材的商贸物流枢纽中心
	汽车交易市场	竹溪（镇安）组团	渝东北地区规模较大、经营品种齐全、配套服务完善的整车及零配件集散地
	吕氏春秋商贸城	安康片区永兴街	渝东北地区"朝天门"
	渝东工业品大市场	安康片区帅乡路	大型现代化、信息化交易市场
生产资料市场	农资综合批发市场	开州区生活物流园区	集农资产品批发、零售、物流配送及电子商务于一体的多功能农资综合批发市场
其他市场	再生资源（废旧物质）集散交易市场	城市水源下方城郊结合地带	渝东北废旧物资的集散交易、信息收集发布中心

6.3.7 仓储物流布局

依托万开高速、开达高速、开城高速、渝西铁路等出境物流大通道，发挥开州区在渝东北地区和渝川陕鄂边区的区位优势，构建渝东北地区及渝川陕鄂边区商贸物流集散地。重点建设"三园区四中心一网络"，形成以物流园区为核心，物流（配送）中心为节点，配送网络为辅助的多层次、多类型，具有仓储加工、配送分拨、信息服务等综合功能的现代物流布局体系。

1）物流园区

物流园区包括渠口临港物流园区、歇马生活物流园区和临江综合物流园区。

渠口临港物流园区主要服务临港工业园区，辐射渠口农业园区和厚坝现代农业示范园区，以化工、能源、建材等产业为支撑，为开州区、城口、川东、陕南等地区的资源开发及开州区生产企业物料供应和产品销售提供大宗物资的运输、仓储、交易、流通加工、配送等服务，打造货运枢纽和生产服务型物流园区。

歇马生活物流园区主要服务城市商贸及生活配送，辐射平桥高新技术产业园和竹溪农业园区，以轻工、商贸流通、农产品交易、城市配送等产业为支撑，为农副产品和生活物资提供仓储、运输、信息交互、交易、配送等服务，打造渝东北地区生活物流高地。

临江综合物流园区主要服务临江工业园区，辐射长沙返乡创业产业园及长沙、铁桥、竹溪三个农业园区，以轻纺、服装、机械电子等产业为支撑，为轻工生产提供一体化物流服务，打造生产服务和商贸服务型物流园区。

2）物流（配送）中心

物流（配送）中心主要包括白鹤物流中心、赵家物流中心、丰乐物流配送中心和厚坝物流配送中心。

白鹤物流中心主要服务白鹤能源建材产业园，辐射丰乐农业园区和厚坝农业园区，以门类、建材、能源等产业为支撑，为套装门、陶瓷、轻纺等企业提供一体化物流服务。

赵家物流中心主要服务赵家食品轻工产业园，辐射平桥高新技术产业园及长沙返乡创业产业园，以食品、轻纺、服装、机械电子等产业为支撑，为食品、轻工企业提供一体化物流服务。

丰乐物流配送中心定位为城市综合物流配送中心，集代理货物的物流策划、管理、运营、咨询、培训服务、货物仓储等服务为一体的城市仓储、配送中心。以城市居民生活消费资料为主，为城区连锁超市、批发市场、商场等消费型商品提供专业的商品批发、配送、储存、运输、展示、交易等服务。

厚坝物流配送中心定位为农产品物流配送，集农产品交易、储存、加工、配送、质量检测、信息服务等于一体，借助农产品生产基地，形成产供销一体化的农产品综合物流中心，为开州区及渝东北地区各大农产品市场提供低成本的综合物流配送服务。

3）农村物流配送网络

依托商贸企业、供销系统、邮政快递物流配送体系，构建乡村日用生活品及农资配送网络。如表6.8所示，以商贸企业、供销系统、邮政物流业务主营机构为核心，在全县设立物流配送网点，形成专业化水平和物流配送效率较高的网络体系，为"万村千乡市场工程"连锁经营超市和村级便民商店、农资店提供物流配送服务。

表6.8 开州区仓储物流布局表

类型	名称	布局区位	功能定位
物流园区	渠口临港物流园区	渠口镇	生产服务型物流园区
	歇马生活物流园区	镇安镇	渝东北地区生活物流高地
	临江综合物流园区	临江镇	生产服务和商贸服务型物流园区

续表

类型	名称	布局区位	功能定位
物流中心	白鹤物流中心	白鹤街道	工业物流中心
	赵家物流中心	赵家街道	工业物流中心
	丰乐物流配送中心	丰乐街道	城市综合物流中心
	厚坝物流配送中心	厚坝镇	农产品物流配送中心
配送网络	农村物流配送网络	覆盖全县所有乡村	为"万村千乡市场工程"连锁经营超市和村级便民商店、农资店提供物流配送服务

6.4 云阳城乡商贸统筹发展区域布局

6.4.1 区域布局总体思路

如图 6.5 所示，围绕"国内外知名旅游目的地""山水园林城市""三峡库区旅游服务基地之一"的城市定位，以构建三峡库区腹地县级最大商贸中心和物资集散地为目标，重点围绕"一心两副两园"总体布局，以城市核心商圈为中心，以社区便民商圈为基础，以城中城购物广场、苦竹溪专业市场群、特色商业街等重大项目为突破，产城融合，实现云阳城乡商贸流通业的超常规发展。

6.4.2 城市商业中心布局

城市商业中心重点布局城市核心商圈、莲花池商业副中心、北部新区商业副中心，打造集购物、商务、餐饮、休闲、娱乐等功能于一体的三峡库区腹地现代商业商务高地。

6.4.2.1 城市核心商圈

城市核心商圈以城中城商业广场为龙头，由滨江商务区和中环商业区两部分构成。

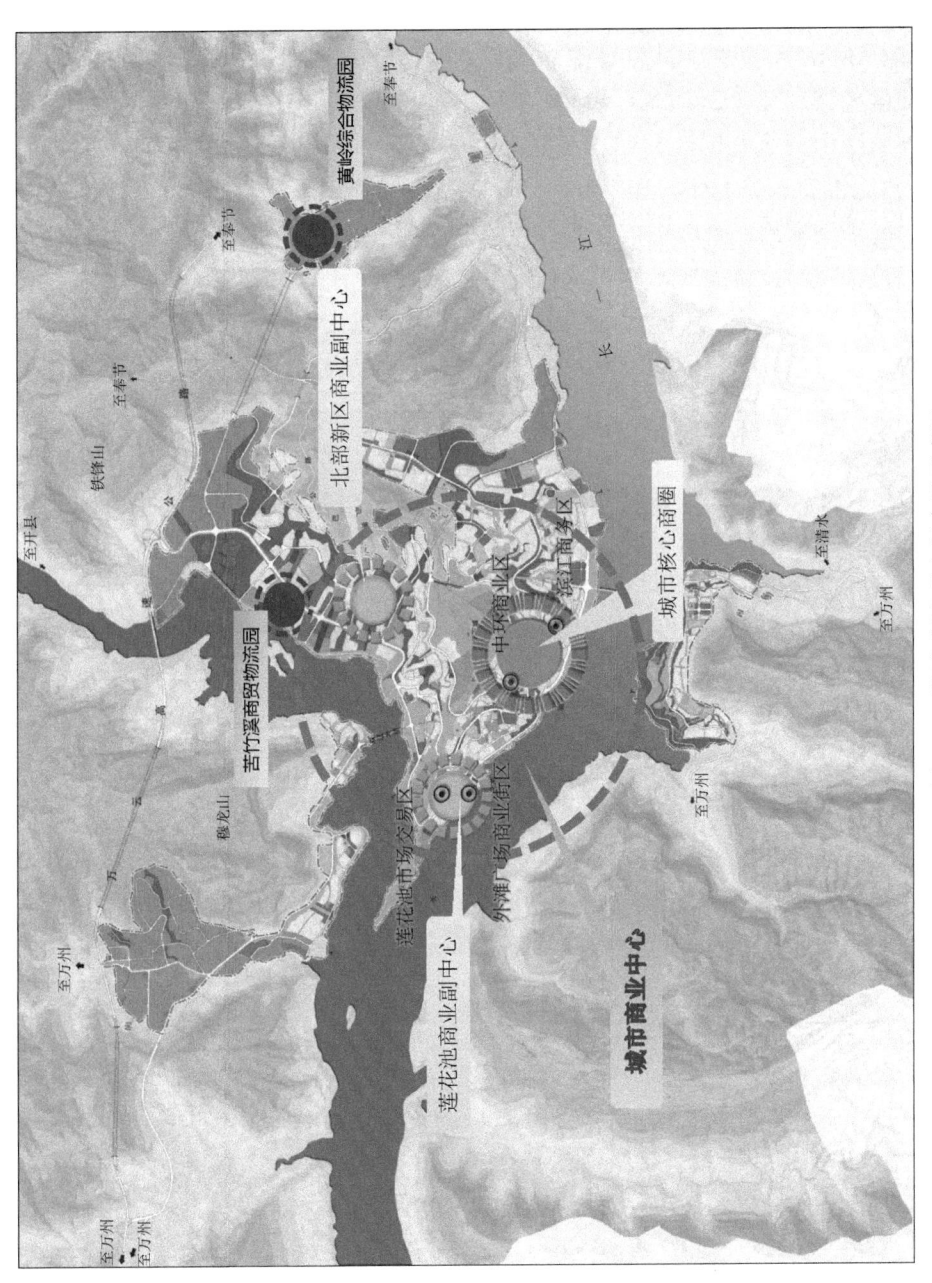

图 6.5　云阳商贸流通空间布局示意图

1）滨江商务区

滨江商务区定位为多功能、大规模、综合性、现代化、高品质的高端商务商业集聚区，打造云阳城市商业财富新中心，重点突出商务、购物、休闲功能。

滨江商务区空间布局结构模式为"城市商业综合体+主题商业街+星级酒店"。城市商业综合体，集商业广场、百货主力店、商业步行街、酒店、办公、公寓等于一体的五星级城市商业综合体，提供一站式购物服务，涵盖主题商场、大型连锁超市、精品专卖店、国际影院、休闲娱乐场中心、商务酒店、商务写字楼等多种业态形式；主题商业街，沿滨江大道和移民大道两侧布局，移民大道以库区特色风味餐饮店为主，滨江大道以品牌专卖店和专业店为主；星级酒店，提供高档住宿及会议功能。

2）中环商业区

中环商业区定位为中高端商业集聚区，围绕"三峡库区腹地县级最大商贸中心和物资集散地"目标建设，是集时尚购物、休闲餐饮、金融信息、文化娱乐、观光旅游等功能于一体的多元化、多层次的综合型商业街区。

中环商业区主要沿云江大道两侧布局，采用商业街区发展模式，形成云江大道中段"时尚购物街区"、云江大道西段"休闲餐饮街区"、云江大道东段"文化服务街区"三大特色街区。结合地下设施的建设以及地下空间的开发，发展地下商业空间。空间布局结构模式为"百货店+专卖店+其他业种网点"。

6.4.2.2 莲花池商业副中心

莲花池商业副中心突出生态和人文内涵，打造都市与自然相融合、商业与文化共振的复合型商业区，是集购物、餐饮、休闲、文化、景观于一体的观光型商业集聚区。空间布局模式为"专业市场+商业步行街"，主要包括批发市场、专营店、大型连锁超市、特色餐饮店等多种业态形式。

1）莲花池市场交易区

以商品交易市场为主力业态，打造以日用工业品、小商品、服装批发为主的大型集散、批发、交易市场，成为云阳最大的小商品交易市场区。

2）外滩广场商业街区

以外滩广场为核心，以外滩商业步行街、外滩中华美食街、外滩风情休闲街为支撑，打造云阳"休闲消费第一区"。重点布局数码电子品牌专营店、大型连锁超市、特色餐饮店及西餐厅、酒吧、咖啡厅、茶楼、会所等休闲娱乐业态。

6.4.2.3 北部新区商业副中心

北部新区商业副中心是集购物、商务、金融、餐饮、休闲等于一体的现代商贸中心区，重点发展零售业、商务服务业、酒店餐饮业、金融服务业等。空间布局以购物中心、商业步行街、商务酒店、特色主题楼宇等为主。

百货店，引进国内外知名零售品牌入驻，满足顾客多层次、多样化的购物消费需求；大型超市，布局国内外知名连锁超市，满足消费者对食品、日用品等日常生活用品的购物需求；商业步行街，强化餐饮、休闲、娱乐功能；商务酒店，提供住宿及会议服务；特色主题楼宇，布局现代化、智能化、高档次的金融大厦、商会大厦等主题楼宇。

6.4.3 社区商业布局

按照云阳县"一城四区"组团式总体布局结构，社区便民商圈主要分布于长江片区、小江片区、人和片区和盘龙片区4个片区，共涉及17个社区。

长江片区布局外滩、滨江、民德等7个社区商圈，小江片区布局梨园、桂湾、乌鸡洞等7个社区商圈，人和片区布局立新、马家梁2个社区商圈，盘龙片区布局盘石1个社区商圈。各社区商圈具体布局如表6.9所示。

表6.9 云阳县社区商业布局表

序号	区位	属性	商圈名称	商业辐射边界
1	长江片区	外向	外滩社区商圈	东临塘坊街，西至太子湖，南为103省道，北靠42国道沪蓉高速
2		外向	滨江社区商圈	东起污水处理厂、西至青龙嘴码头、南临云阳中学、北接长江大桥
3		内向	民德社区商圈	北起民德水库公园，南至民德小学，西临民德广场，东抵道湾社区
4		外向	亮水坪社区商圈	北起道塆村，南临薛家沟，西临渝巴路，东抵坪上
5		中间	薛家沟-金科世界城社区商圈	北靠薛家沟，南至990县道，西抵洞子岩，东临杨沙村
6		内向	张家湾社区商圈	沿渝巫路自西向东形成"凸"字形，南临薛家沟
7		外向	柏杨湾社区商圈	北起望江大道，南至云江大道，西临白云路，东抵云安路
8	小江片区	中间	梨园社区商圈	北至木鱼包公园，南至双江街道，东起海峡小学，西至体育中心
9		中间	桂湾社区商圈	体育路至云江大道、桂湾路到滨江路，

续表

序号	区位	属性	商圈名称	商业辐射边界
10	小江片区	内向	乌鸡洞社区商圈	马家堡梁与猪儿梁绿脉之间
11		外向	苦竹溪社区商圈	北起澎溪河,南抵长途客运汽车站,西临滨江路,东靠东风隧道
12		外向	双洞子社区商圈	北起长途客运站,南至J2K路*,西临滨江路,东抵刘家包隧道
13		中间	紫荆沟社区商圈	南起创业大道,北至J2K路,西连迎宾大道,东抵县中医院
14		中间	干湾包社区商圈	窑湾梁绿脉和龙脊山绿脉之间
15	人和片区	内向	立新社区商圈	北至立新村,南接双江大桥,西至澎溪,东抵民和路
16		内向	马家梁社区商圈	长江以北,万云公路以南区域
17	盘龙片区	中间	盘石社区商圈	北接长江大桥,南抵巴山路,西至张飞庙,东临云阳盘石中学

*J2K 路为规划建设道路

6.4.4 镇级商业布局

推进和完善"万村千乡"市场工程、改善村社商业网点设施基础上,以市级中心镇、片区重点乡镇为重点,打造建设镇域商圈,提高农村商业集聚发展水平和商贸服务水平,满足农村居民日常生活消费、农业生产资料供应等需求,推动中心镇、城郊镇、边贸镇、一般镇等不同层次镇级商业协调发展。

6.4.4.1 镇级商业布局总体要求

在江口、南溪、高阳、凤鸣、平安、红狮、龙角、故陵、沙市、栖霞按照"五个一"要求布局镇域商圈,改善和提升消费环境;中心镇结合本区域特点,扩大商贸流通影响范围,满足本镇及周边乡镇的消费需求,重点发展小商品市场、农副产品交易市场、建材家具装潢市场,建设特色商业街,完善餐饮、金融、娱乐、旅游、休闲、家居服务等功能,提高商业辐射功能;城郊镇商业发展以服务县城为重点,同时满足本地需求,重点建设为县城服务的农产品市场,完善配送功能,布局餐饮、旅馆、美容美发、邮电通信、金融、照相、洗染、娱乐商业网点;边贸镇重点发挥对周边相邻乡镇的辐射凝聚作用,发展边贸市场;一般镇商业布局以满足本地城乡居民日常生产、生活为目的,重点布局农贸市场和生产资料、日用品摊区市场,发挥城乡连接的纽带作用,健全农村购销服务网络。

6.4.4.2 镇级商业布局实例

1）江口镇商业布局

江口镇商贸发展定位为云阳北部最大的商贸物流中心、县域商业副中心。商贸布局重点：一是打造江口商业核心区，重点建设特色商业街，形成以餐饮、娱乐、休闲、购物为一体的区域性多功能购物中心；二是建设各类专业市场，完善农产品交易市场、畜牧业交易市场、小商品批发市场、商贸综合批发市场；三是加快村社便民店的建设，每个村社规划建设2～3个便民店，满足村民日常生活用品的需要。

2）红狮镇商业布局

红狮镇商贸发展定位为云阳东部最大的商贸中心，重点发展以脐橙为主的农副产品产地批发市场和旅游商贸。商贸布局重点：一是打造中心商业街，形成以餐饮、娱乐、休闲、购物为一体的区域性多功能购物街区；二是建设以水果为主的农副产品批发市场；三是建设货运中转场站；四是加快村社便民店的建设。

3）龙角镇商业布局

龙角镇商贸发展定位为云阳南部最大的商贸中心，商业布局重点为：一是建设特色商业街，形成综合与专业商店配套，独具特色的休闲购物场；二是建设各类专业市场，完善农产品批发市场和工业品批发市场；三是加快村社便民店的建设。

4）高阳镇商业布局

高阳镇商贸发展定位为云阳西部最大的旅游商贸中心，重点发展旅游商贸和现代物流业。商业布局重点为：建设特色商业街和餐饮休闲娱乐一条街；完善综合农贸市场和农资批发市场建设；利用平湖水面和孤岛建设旅游休闲度假区，以旅游推动商贸业发展；加快村社便民店的建设。

6.4.5 特色商业街布局

按照"打造街区特色、体现街区风貌、突出文化内涵、业态集中布置"的思路，建设购物、服装、餐饮、娱乐等符合现代消费趋势的特色商业街。重点布局外滩中华美食街、外滩商业步行街、外滩时尚休闲街、移民大道美食休闲街、滨江路创业夜市街、金海湾云阳名特小吃街等14条有规模、有影响的专业特色商业街，形成"一街一主题、一街一业、一街一特色"的街区风貌（表6.10）。

表 6.10 云阳县特色商业街布局表

序号	名称	区位	规模/m²	布局重点
1	外滩中华美食街	外滩大道	1000	品牌餐饮连锁店、特色餐饮店和名特小吃店
2	外滩商业步行街	外滩二街	1000	服饰品牌直营店及数码电子专卖店
3	外滩时尚休闲街	外滩北街	1000	品牌连锁酒吧、咖啡厅、西餐厅、SPA*会所、养生会所、高端影院
4	移民大道美食休闲街	移民大道	400	库区特色小吃店、风味餐馆、地方特色餐饮店
5	金海湾云阳名特小吃街	富正商贸城周围	400	云阳特色的餐饮店和名特小吃店
6	滨江路创业夜市街	港务广场至青龙路	500	创业型夜市，小商品、二手物品交易
7	休闲服饰一条街	青龙路	500	服饰品牌专卖店、特色店
8	双井寨休闲娱乐一条	双井寨斩龙垭至梨子坪	500	主题商店、旅游商品专业店
9	张飞庙三国文化旅游街	码头至张飞庙	500	特色餐饮店、旅游商品专卖店、休闲山庄
10	土特产品一条街	水利局至卧龙桥路	300	云阳、渝东北及重庆土特产品专卖店
11	澎溪河休闲街	滨河路	300	特色餐饮店和风味小吃店
12	货运快递服务街	上环路	400	快递服务网点
13	花鸟鱼虫一条街	斩龙垭至双江卫生院	500	咸淡水族、花卉、盆景、奇石根艺、鸟雀、宠物、工艺品及相关配套器材
14	家居建材街	滨江大道东段	400	品牌专卖店和建材专业店

*SPA 一词源于拉丁文，意指利用水资源结合沐浴、按摩、涂抹保健品和香薰来促进新陈代谢，满足人体视觉、味觉、触觉和思考达到一种身心畅快的享受

6.4.6 商品交易市场布局

立足打造区域商贸业服务中心，重点打造渝东北农产品批发市场、家居建材汽车城、小商品服装交易市场、再生资源市场等一批具有区域辐射影响力的大型专业市场和特色市场，新建和提升一批城乡农贸市场，完善城乡农贸市场网络体系，提升集聚辐射带动效应（表 6.11）。

表 6.11 云阳县商品交易市场布局表

序号	名称	布局区位	市场定位
1	渝东北农产品批发市场	亿龙国际商贸城	特色农产品、土特产品批发、酒类及糖果批发

续表

序号	名称	布局区位	市场定位
2	云阳家居建材汽车城	苦竹溪	家居建材市场区布局家居建材超市、专卖店和厂家直销中心；汽摩市场区以农用车、货车、轿车、摩托车及二手汽车经销为主，兼具零配件销售和维修服务
3	小商品服装批发市场	莲花池	服装和地方名特优商品、酒类及生活日用品批发，兼营零售
4	再生资源市场（旧货市场）	黄石	以废旧物资和再生资源的批发交易为主，兼具分拣整理、拆解加工、物流配送和信息服务

6.4.7 仓储物流布局

依托云万高速、渝万铁路、长江水运等出境物流大通道，发挥云阳在渝东北地区和渝川陕鄂边区的区位优势，以北部新区组团、黄岭组团、黄石片区为重点，布局"两园区四中心十节点"，形成以物流园区为核心，物流中心为节点，配送网络为辅助的多层次、多类型，具有仓储加工、配送分拨、信息服务等综合功能的现代物流体系，构建渝东北地区及渝川陕鄂边区商贸物流集散地。

1）物流园区

物流园区包括苦竹溪商贸物流园和黄岭综合物流园。苦竹溪商贸物流园与市场群一体打造，是集仓储、整理、分拣、配送及信息平台于一体综合型生活物流园区，依托家居建材汽车城，建设家居建材汽摩配送中心，构建以现代物流配送中心为节点，以服务商贸服务业和居民消费为目标的城市物流配送体系；黄岭综合物流园以工业园区产业为依托，主要为盐化等产业提供物流配送服务，集盐化工物流、仓储、配送、展示、交易、信息发布和金融结算等功能于一体。

2）物流配送中心

物流配送中心包括渝东北盐业配送中心、农产品物流配送中心、家居建材及汽摩配送中心和城市综合物流配送中心。

渝东北盐业配送中心以盐为主，副食品及食用油为辅，集工业休闲旅游、仓储、配送、销售于一体，定位为渝东北区域性盐业配送中心；农产品物流配送中心集农产品交易、储存、加工、配送、质量检测、信息服务等为一体的产供销一体化农产品综合配送中心，定位为渝东北地区及渝川陕鄂边区大型的农产品物流配送中心；家居建材及汽摩配送中心是以装饰建材和家居饰品为主的一站式仓储配送中心，定位为渝东北地区建材及家居饰品最齐全的一站式仓储配送中心；城市综合物流配送中心是集代理货物的物流策划、管理、运营、咨询、培训服务、货物仓储等服务为一体的城市仓储、配送中心，集聚城区内现有分散的货运部及提货点，为各大超市、商场、零售点提供批发、配送等专业服务。

3）乡镇农产品集配中心

在双龙、养鹿、龙角、红狮、农坝、路阳、普安、上坝等 10 个产业大镇布局农产品集配中心或冷链物流配送中心。

7 "万开云"板块城乡商贸统筹一体化发展的路径

7.1 构建完善城乡商贸统筹发展的体系

7.1.1 商贸物流体系

"万开云"板块地处渝东北生态涵养发展区地理中心，5条高速公路等贯穿全域，6条国道线过境，万州港是长江十大优势港口之一，万州机场年旅客吞吐量50万人次左右，交通区位优势明显。推进万开云板块城乡商贸统筹一体化，应依托区域交通优势，按照"统筹规划、适度超前、互惠互补、协调推进、畅通便捷"原则，构建城乡商贸统筹的物流体系，增强区域一体化商贸物流协同的支撑能力。

7.1.1.1 优化交通运输网络

构建"一心四向多连线"的交通格局（图7.1）。"一心"即增强万州城区核心组团的交通枢纽功能，提升完善集疏运配套系统与城区配送系统，同时增强开县、云阳两个组团的交通节点功能，积极承接、分担万州组团枢纽外溢功能。"四向"即依托铁路、高速公路等交通干线和长江黄金水道，着力打通北至达州市与安康市、东到郑州市与武汉市、西接重庆主城区、南连利川市与黔江区的"四向"外联通道，形成支撑"万开云"板块联通周边地区、融入国家战略的综合交通骨架。"多连线"即以"三组团"快联工程为骨架，依托G542、S103等15条普通国省道干线公路的改造升级，在城镇之间、乡镇之间、景区之间及与相邻省市县城、乡镇之间加快形成便捷连线，全面提升"万开云"板块内外交通便捷度。

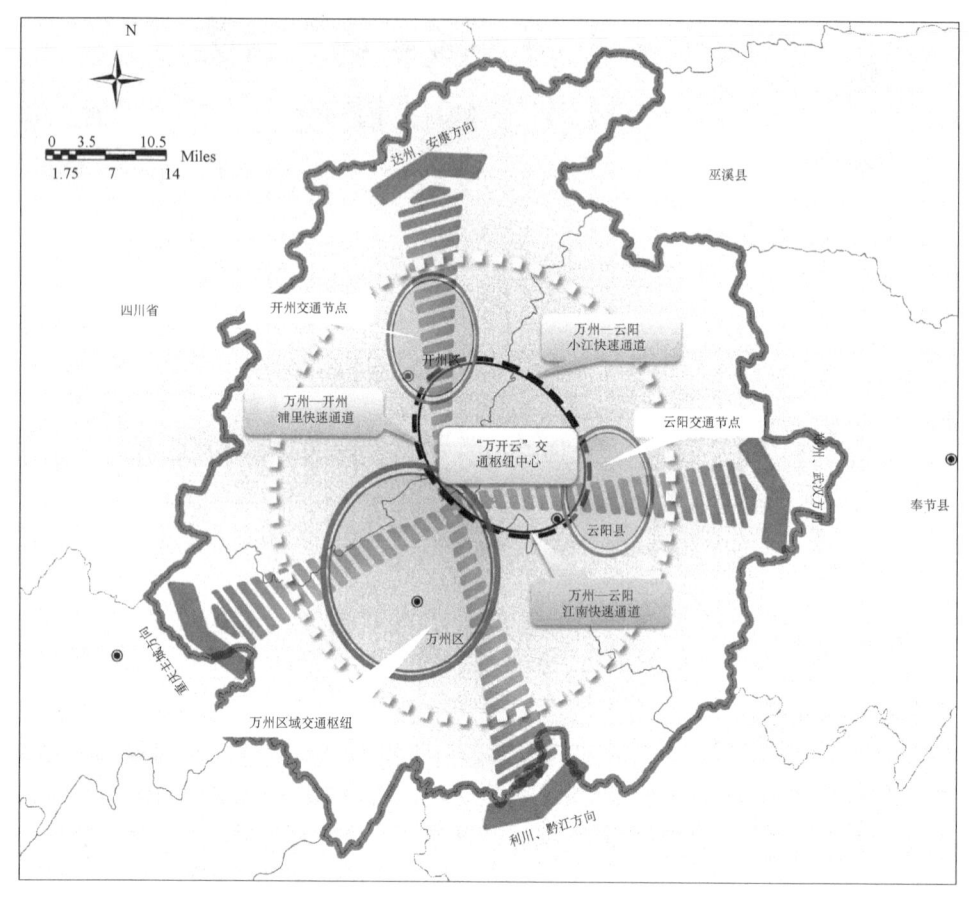

图7.1 "一心四向多连线"交通格局示意图

7.1.1.2 建设城市物流节点体系

构建城市物流公共配送中心。三个区（县）在建设物流园区和物流基地基础上，应构建城市物流公共配送中心。充分利用已规划建设的物流园区和商品交易市场，用好存量、控制增量（非公共仓储物流设施），促进各类仓储物流设施协调发展。推进仓储物流设施之间和仓储设施与物流分拨中心、商贸等设施之间互联互通、一体化发展，奠定城乡共同配送基础。三个区（县）可建

1~2个综合型公共配送中心，可按多种商品的仓储物流设施集约布局，使之具有商品集聚、分拣、配送等基本功能，鼓励提供加工、包装、组配等增值服务和生活服务、金融、汽车修理和加油站等配套服务功能。可建多个专业型公共配送中心，作为对综合型公共配送中心的补充，整合现有快递配送中心和中转站，充分利用各类园区、现有公共和闲置设施（废弃厂房、专业市场搬迁场地、公租房等），按照服务半径5km以内、最远车程半小时以内的原则，规划布局电商物流公共配送中心和配送站。按照利用现有冷库和在综合型公共配送中心、农产品公共配送中心中适度增加冷库的原则，满足冷链共同配送和未来发展需要。同时鼓励大中型企业连锁零售、电子商务、批发经销等企业布局企业自营的区域性物流配送中心。

搭建城市末端配送网点。城市末端配送网点即公共取送点，主要包括实体店和公共智能自提柜。在大中型小区内居中区域、小区进出口周边区域、大专院校内部，居住区一般按照服务人口1500人左右、服务半径500m左右、不重复布局、消费便利、通行和接卸方便的原则布局1个快递实体公共取送点，3万人以上的大型居住区可根据需要增加末端公共取送点数量，院校根据教职员工、学生数量和分布情况、节约资源等确定网点数量；在核心商圈等大型商务集聚区、机关和企事业单位可根据需要进行布局。对难以用实体网点作为公共取送点的，规划公共智能自提柜。新建居住区、学校的建筑设计中，按上述原则规划布局快件配送集中收投设施。每个末端公共取送点的快递包裹存放区一般在 $10m^2$ 以上，并能随着网络购物的发展增加面积。三个区（县）城市物流快递末端公共取送点应实现全覆盖。

7.1.1.3 建设农村物流节点体系

1）镇乡级农村物流服务站

充分利用客运场场资源，运用客运站、交管站、农村物流点"多点合一"的模式，利用多种融资方式（包括社会力量），在"万开云"板块每个乡镇建设能为社会提供无差别公共服务的农村综合服务站，提供"综合服务+中转仓储+资源回收+分拨配送+信息采集"的物流服务，起到"上接区县，下联乡村"的农村物流中转节点作用。

2）村级农村物流服务点

依托农村网格化村级服务管理平台、基层农技服务中心、农家店、农村综合服务社、村邮站、快递网点、农产品购销代办站等，按照紧密型农村物流联系网点的原则，建设村级农村服务点，布局"万开云"板块全覆盖的农村物流末端网络。积极引导村级农村服务点与电商企业对接，推进农村地区公共取送点建设，积极推进电子商务发展，发挥村级农村服务点"货物集散+末端配送+末端信息采集发布"的物流服务功能，切实解决万开云板块农村物流各类物资"最后一公里"和"最初一公里"的瓶颈问题。

7.1.1.4 贯通城乡物流节点体系

通过引导专业物流企业与供销合作社等农村商贸流通企业深度合作，发展多元化的运输配送模式，形成城乡商贸一体的物流配送格局。

1）干线物流+农村货运班线

引导万开云板块专线物流企业探索试行公路港"货运班车总站"运输组织方式，推行"定点、定线、定时"服务模式，与农村货运班线结合，实现城乡物流市场对接，提高农村物资运输的时效性和便捷性。

2）农村货运班线/农村货运班线+村村通客车

在分析本地农村物流需求的基础上，推出"定时、定点、定线"的农村物流"货运班线"，开展城乡双向货物运输配送服务。针对到村级服务点的大件货、整车货，可采用电话预约，定向定时定车运输。同时，针对小件及时货，可采取农村货运班线+村村通客车方式降低物流成本，提高农村物流时效性和便捷性。

3）"乡村货的"

引导物流企业组建专业的"乡村货的"，服务农村电子商务发展，将县城所有物流点中需要送到农村的小件快递进行整合，通过"乡村货的"进行优化配送，打通农村物流"下乡与进城"双向快捷通道。

7.1.2 电子商务体系

实现电子商务产业又好又快发展，对促进"万开云"板块城乡商贸统筹发展发展具有重要意义。应积极建设集商品交易、物流快递、配套服务等于一体的电子商务产业园区，积极推动电子商务产业链建设，推进电子商务普及应用，加快电子商务配套体系建设。

7.1.2.1 建设电子商务产业园区

1）电子商务应用专业园

建设电子商务应用专业园区，围绕"万开云"板块电子商务应用生态圈，引导传统企业电子商务公司、电子商务应用企业、电子商务平台企业、电子商务专业服务商、网商、微商等落户园区，配套完善咨询、设计、营销等专业服务和金融、会计、法律等商务服务，促进万开云板块城乡商贸流通业转型升级发展。

2）电子商务物流专业园

以"万开云"板块现有的物流园、农产品物流配送中心等企业物流网络为基础，按照专业化、规模化、集中化的原则，加快聚集以 B2C（企业对消费者）电子商务企业为主的物流和仓储，以及各类物流配送企业。加强"万开云"板块物流企业资源在基础设施和配套服务设施上的互联互通，提高物流资源使用效率，促进电子商务企业的快速发展。

3）移动电子商务专业园

立足移动电子商务完整产业链，引导各类软件开发商、硬件制造商、支付服务商、技术服务提供商及产业运营商等入驻园区。

7.1.2.2 引进和培育大型电子商务平台

鼓励和支持引进淘宝、京东、苏宁易购等国内知名第三方大型电子商务平台，依据"万开云"板块优势产业与特色农产品，建立线上万州馆、开州馆与云阳馆，支持地方平台建设，支持本地大型龙头企业电子商务平台转型，支持有条件的大型快递和物流企业依托物流配送优势发展区域性网络购物平台。

7.1.2.3 发展电子商务服务业

1）电子商务代运营服务业

"万开云"板块电子商务产业发展滞后，多数准备电商化转型的传统企业缺乏包括电子商务平台设计与建设、电子商务网站推广、电子商务营销策划和数据分析、客户关系管理等在内的企业网络营销策划、电子商务运营托管、物流订单管理等运营管理能力。因此，要大力引进一批专业的电子商务代运营服务业，提供电商普及应用的一站式服务。

2）电子商务金融服务业

鼓励和支持银行、小额信贷等金融机构开展面向电子商务的金融服务，解决中小微企业在电子商务业务过程中的金融需求。鼓励本地的各类金融服务机构运用电子商务开展金融活动，提高金融服务能力。引进各类风投创投机构参与"万开云"板块电子商务领域的投融资服务，推动有条件的电子商务企业对接资本市场。

3）电子商务技术与数据基础服务业

发展电子商务服务企业，提供面向电子商务的软硬件、网站建设优化、系统集成方案等技术解决方案。培育和引进一批市场研究机构，为应用企业提供资讯产品、交易等基础数据挖掘、处理、分析服务。

7.1.2.4 发展网商微商队伍

打造培育大规模本地网商、微商企业。搭建行业交流平台，促进本地网商的互动合作。支持与国内外大型电子商务平台合作，打造具有本地乃至全国影响力的大型网商。

7.1.2.5 推进电子商务的行业普及与应用

推进"互联网+"行动，推进电子商务与传统商贸业的深度融合。支持传统大型商贸企业依托其现有的营销、物流、资本等实体经济资源，大力发展电子商务，通过自建网上商城或进入第三方电子商务销售平台，实现线上线下相互融合、虚实同步、优势互补，促进传统商贸企业转型发展，提升发展竞争力。鼓励中小微企业采用入驻第三方电子商务平台的方式，进行商品采购、销售、营销、售后等经营活动，提升商品流通效率。

7.1.2.6 完善电子商务配套体系

发展电子支付服务体系，鼓励引导移动支付、电话支付、预付卡支付等支付产业的健康成长，丰富消费者支付手段，提高消费者支付效率。发展为电子商务服务的社会化物流体系，整合"万开云"板块内运输、仓储、装卸搬运、分拣等物流资源，构建快递物流联盟。发展电子商务融资体系，加快企业和个人征信系统建设，完善信用激励和惩戒机制，充分发挥征信系统对电子商务企业的担保融资功能。

7.1.3 商贸信用体系

推进"万开云"板块城乡商贸一体化统筹发展进程，关键在于要让农村商贸流通业发展速度超过城镇，这必须依靠充足的农村商贸建设资金，从而需要坚实的农村信用体系做保障。

1）建立农户信用信息系统

以《中国人民银行农村信用体系建设基本数据项指引》为基础，构建"万开云"板块区县、乡镇、村（社区）三级组织体系，建立健全一体化的农户融资信息服务平台。因地制宜、科学合理地设计家庭农场基本信息、生产经营、主要收入来源、贷款使用及信用等级评定情况等数据指标，完善农村经济主体电子信用档案。

2）建立农户信用等级评价体系

充分发挥"万开云"板块农商行、农信社在农户信用等级评定和授信管理中的主导作用，成立农户信用等级评定机构，建立农户信息采集更新和信用评价工作长效机制。探索建立农民专业合作社、小微企业信用等级评定机制。同时，引导其他涉农金融机构积极参与，将他们接入农村信用信息服务平台，提高企业和个人信用信息基础数据库在农村的覆盖率和服务水平，将新型农村经营主体的信用信息纳入企业和个人征信系统。建立农户信用信息共享机制，涉农金融机构和各级政府部门均可查询使用农户信用评级结果。推动涉农金融机构将农户信用评级结果纳入农户贷款决策程序，形成"征信+评级+信贷"的业务模式。

3）建立镇、乡、村、户信用层级体系

在农户信用评定的基础上，按照先易后难、分步实施，以点带面、稳步推进的方式，开展信用乡（镇）、信用村、信用户的创评活动。对达到信用村（社区）、信用乡镇评定条件的，涉农金融机构对其所辖农户、商户在授信额度、贷款利率优惠等方面给予政策支持，为守信农户开辟绿色通道。

4）建立农村信用保障机制

一是建立守信激励机制。万开云板块涉农金融机构要充分利用农村经营主体的信用评价结果，针对农村经营主体不同等级，通过简化贷款手续，在贷款额度、期限上满足生产周期和农户需求，实行优惠利率等激励手段，使信用客户享受到倾斜的信贷政策及快捷、优质的金融服务。二是建立和失信惩戒机制，对恶意逃废债者，记入征信系统，并公开曝光，使失信者受到惩戒，营造守信者处处受益、失信者寸步难行的社会风气。

7.1.4 商品流通体系

7.1.4.1 日用品

日用品下乡销售网络应以大中型日用品连锁流通企业为依托，以连锁经营、物流配送、电子商务等现代流通方式为手段，按照标准要求改造或新建农村商业网点，形成以区县配送中心为龙头、乡镇连锁经营超市为骨干、村级便民放心商店为基础，两级配送、三级销售、双向流通的连点成线、结线成网、联网成片，县、乡、村三位一体的信息化程度高的农村日用品网络体系。

构建并完善日用品下乡销售网络，应从以下方面入手。

1）培育大中型日用品连锁流通企业

发展跨区域、跨行业、跨所有制的经营业态多元化的优质流通企业。坚决打破万开云地区保护主义，积极引进信誉卓著、实力雄厚的商贸流通企业，将区外地先进管理经验、技术带进来，增强行业竞争度，活跃市场，并严格执行供应商准入制度，保障产品质量，构建内外连接的开放式日用品销售网络。充分发挥"万开云"龙头骨干企业在日用品销售网络建设中的辐射及带动作用，促进流通渠道下沉、经营网点向乡（镇）、村延伸，加快现代流通业态的发展。

2）加快日用品配送中心建设

以大中型日用连锁流通企业为龙头企业并以此为依托建设区域配送中心，利用其仓储、物流方面的优势，降低仓储成本、提高物流效率，将产品低成本、高效地配送到销售终端。加快仓储基础设施的建设，及时更新仓储设备，引入先进的管理技术，提高自身经济效益的同时合理规划、高效利用。加强仓储资源整合，优化布局新建仓库，提升配送中心的库存容量、丰富产品种类、完善产品结构，形成区县有配送中心、乡镇有配送站的从区县到乡（镇）、从乡（镇）到村的两级物流配送体系，特别要完善"家电下乡""汽摩下乡"配送体系，根据下乡产品特点和当地实际情况创新配送形式，提升整体物流配送能力。

3）建设村级便民放心商店（村级综合服务社）

按照商务部"万村千乡市场工程"标准，建设与连锁企业和配送中心对接的村级零售终端，连点成线、结线成网、联网成片。村级零售终端形成连锁制经营，充分利用连锁制的优势，统一由配送中心配送，保证产品质量，让农村居民买到质优价廉的日用品，杜绝假冒伪劣，并建立商品可追溯制度，强化质量控制。村级零售终端通过提高商品配送比例、引入条形码扫描设备、质量责任追究制度，提供"售前有保障、销售过程有记录、售后可追究"的可控、可查的便民放心服务，树立良好的形象，吸引农村购买力回流，提升持续经营能力。村级便民店（村级综合服务社）应着力推行"一网多用"拓宽经营范围、"一店多柜"丰富商品种类的经营方式，如在村级便民店里设立农资专柜、食盐专柜、图书专柜、烟花爆竹专柜、烟草专柜等，开展多种经营，更好地为农村居民服务。

7.1.4.2 农产品

培育龙头企业，增强龙头企业规模化程度。培育农村商贸龙头企业，充分发挥龙头企业在"万开云"板块农村商业网络建设中的主体作用；对现有优质龙头企业，以资本品牌为纽带，通过市场机制和政策引导，采用参股、控股、承包、兼并和特许经营等方式，实现跨地区、跨行业、跨所有制联合重组，并以连锁化形式，实现规模扩张；对发展前景好的中小型企业，加大扶持力度，使其成长为龙头企业；在没有龙头企业的区县和经营领域，通过招商引资、联合合作等方式组建龙头企业。

7.1.4.3 农业生产资料

1）发挥大型龙资龙头企业的带动作用

大力发展农业生产资料连锁经营和物流配送，形成区县级龙头企业、乡（镇）及村级连锁门店的农资流通网络体系。同时发挥区县级农资配送中心的骨干作用和村级农资店（或村级综合服务社）的终端作用，建立以集中采购、统一配送为核心的区县、乡（镇）、村三级连锁营销体系。依托并充分利用供销社系统传统网络优势，加大整合改造力度，大力培育跨区域、集多功能服务于一体的大型农资龙头企业。农资龙头企业应将农资销售与服务紧密结合，开展配送、加工、采购及农机具租赁、维修等多样化服务，为农民提供产前、产中、产后技术服务。

2）引导促进多元化农资供给主体格局的形成

鼓励各类投资主体进入农业生产资料流通领域，形成多种所有制并存、多种方式并举（如品牌特许、采购配送、经营指导等）、覆盖面广的农业生产资料供应网络。例如，有条件的区县通过整合邮政现有的网络资源和社会资源，建立乡镇物流农资配送中心和村级"三农服务站"，开展化肥、种子、农药、农膜等农资产品的配送服务。

7.1.4.4 药品

加快建设规范化的药品连锁经营网络，依托药品连锁经营龙头企业，规范和打造区县中心药店—乡镇连锁药房—村社连锁专柜三级药品连锁经营网络。加快培育药品龙头企业，通过联合合作，鼓励现有骨干企业向周边市场辐射。坚持改造与新建并举，通过连锁经营方式，采取新建销售专区、对现有乡镇药店改造吸收、村级农家店内设立医药专柜等形式构建药品连锁经营网络。加强药品配送中心建设和管理，注重配送中心内验收养护室、调拨室、冷库等硬件设施的建设。

7.1.4.5 再生资源

1）组建和改造再生资源龙头企业

已成立再生资源回收利用企业的区县供销社，要进一步完善产权结构，形成供销社控股的主导地位，进一步健全企业法人治理结构，增强企业经营活力。尚未成立再生资源回收利用企业的区县供销社，要按照市场化运作模式，加强与系统内再生资源回收利用企业合作，以资本和资源为纽带，通过联合合作方式，组建再生资源回收利用企业。

2）构建再生资源回收利用网络

一是建立再生资源集散交易中心。在相对远离居民区的地区建设1个符合环保、市容和消防安全等要求的集散交易中心。中心要设有隔离围墙和绿化带，保持较好的外观环境；实行服务区、经营区分离，业户实行储存区、工作区分离；服务区、经营区、储存区和工作区配备相应的卫生、安全等作业设施。

二是建立再生资源回收站。引导回收企业采取连锁经营方式，整合个体回收人员，按照"便于购销、保护环境"的原则，采取现代流通方式，改造和建设统一、规范的回收站点；乡（镇）街道回收站是转运、分类、整理、暂存、中转的固定场所，即相对集中每天在社区回收点分散回收的再生资源，将再生资源简单地分类、整理，以便企业利用或进入集散交易中心。回收站按照总量调控、合理布局和方便回收的原则统筹设置，每个乡（镇）、街道办事处至少设置一个布局合理，符合环保、市容和消防安全等要求的回收站，并按有关标准配置必备设施。

三是建立再生资源回收点。村回收点负责收集村民交售和生活垃圾中的可再生资源，包括废旧金属、报废电子产品、报废机电设备及其零部件、废造纸原料（如废纸、废棉等）、废轻化工原料（如橡胶、塑料、农药包装物、动物杂骨、毛发等）、废玻璃等。回收点设置，根据自然村实际情况，结合农村生活垃圾"村收集、乡（镇）运输、区县处理"机制，回收价格根据市场行情确定，采取定时上门与定点交售，固定设点与流动设点相结合的办法开展回收，回收的再生资源日收日清，原则上不作储存，尽量减少对群众生活环境的污染。

四是加强回收从业人员培训。回收从业人员实行"六统一"和"四规范"（即统一培训、统一标识、统一服装、统一计量器具、统一收购车辆、统一收购范围和规范服务项目、规范服务标准、规范服务用语、规范服务地点）的行业管理，组织开展再生资源业务知识和技能培训，提高从业人员素质。

7.1.4.6　烟花爆竹

1）培育龙头企业

加快龙头企业培育和配送中心建设。从安全生产标准化入手，按照安全生产条件和安全管理状况挑选经营正规、信誉良好的企业，加强政策扶持，引导其开发新产品尤其是适合农村的烟花爆竹产品，丰富产品体系、优化产品结构，既满足市场需求又实现良好经济效益；帮助企业组建专业的烟花爆竹生产队伍、更新生产设备、升级生产技术，增强企业竞争能力，尽快成为行业龙头。

2）建设现代化的仓储配送设施

加快建成标准化的配送中心仓库和符合国家标准的批发企业专用仓库。配送中心要改变粗放式、低效的仓储、配送方式，加强信息系统建设，充分利用现代信息技术增强配送中心各子系统间的协调性，实现集约化及高效化，提升配送中心效率，同时提高配送中心的机械化、自动化程度，实施标准化作业，消除人为因素造成的安全隐患。在仓储、物流体系中实施全过程联网监控系统和流向信息系统，实现仓储、配送两级安全。重视现代物流技术的培育，用信息技术提升企业配送水平，从供应链管理角度构筑物流配送系统，使整个新型烟花爆竹连锁经营网络体系现代、安全、高效。

3）改善新建终端零售网点

一方面运用现代方式对原有经营机构、网点进行升级改造、兼并重组、强强联合，改善其营业能力，提升对原有终端的利用效率。另一方面在城镇、乡镇设立连锁直营店、加盟店或连锁专柜，对店面进行标准化设计并按照安全标准对产品合理摆放及储存。将网络向农村市场延伸，以连锁店作为农村烟花爆竹的主要零售终端，最大限度地发挥连锁制对产品质量的保证效果，让"万开云"板块农村居民买到优质的烟花爆竹。

7.2 搭建城乡商贸统筹发展的渠道

7.2.1 零售企业主导的城乡商贸统筹渠道模式

在零售企业主导的渠道模式中，零售企业处于"农产品进城"与"工业品下乡"城乡双向流通渠道的核心地位，主导流通渠道的建构与运行。一方面要向农产品流通上游延伸，采取兴建农产品种植基地，或与生产商、加工企业或经销商建立长期合作关系的方式，并通过自己的物流配送体系或利用第三方物流，向城市门店稳定供应优质的农产品。另一方面要向工业品流通下游领域延伸，发挥连锁经营的制度优势，通过新建零售网点或以特许连锁整合农村现有零售网点的方式，将门店向乡镇扩张，实现工业品下乡，使乡镇共享零售网络在物流与供应链管理上的规模效益。

7.2.2 专业市场运营商主导的城乡商贸统筹渠道模式

专业市场主要包括钢材市场、五金机电市场、汽摩配件市场、家居建材市场、服装小商品市场、农产品综合专业市场六大类型，其是城乡重要工业品与农产品集散的流通枢纽。建立以专业市场为核心的市场网络体系，是统筹城乡商贸发展的关键环节。在专业市场运营商主导的城乡商贸统筹渠道模式中，批发商是供应链上的核心企业，是工业品和农产品消费与流通服务联系的纽带和桥梁，为生产端和消费端的市场主体提供交易场所，实现工业品与农产品的产、供、销一体化。

7.2.3 餐饮企业主导的城乡商贸统筹渠道模式

餐饮企业的原辅材料绝大部分来自初级农副产品，与农业的关联度最高，对农业发展的拉动系数大。以餐饮企业为核心建构农副产品流通渠道，可采用"企业+基地+农户"的模式，通过自建生产基地或与蔬菜科研、种植基地签订直销协议的方式，发展订单农业，引导农民生产适销对路农产品，并以此为中心，纵向配置流通渠道中农副产品深加工、物流配送、餐饮服务等功能，从而降低农副产品流通成本、保障农副产品安全、提升农副产品品质。

7.3 培育城乡商贸统筹发展的主体

7.3.1 建立健全万开云板块商贸一体化协同机制，优化商贸主体发展环境

一是建立产业政策协同机制。按照产业布局与分工，共同制定产业跨行政区域转移、收益分配的具体办法，将商贸产业配置在具有比较优势的区域，促进产业分工、产业链延长。二是建立统一市场准入与监管协同机制。探索建立统一的市场准入和市场监管制度，促进三区县商贸主体登记注册协同。探索建立商贸企业信用信息互通互享机制，实现三区县信用信息平台建设、信用信息

采集、信息共享使用、惩戒联动协同。三是建立健全招商引资协同机制。逐步统一土地利用政策、税费优惠、招商服务标准，共同开展招商引资，互通招商信息，共享招商资源，积极开展市场化招商。

7.3.2 强化政策引导，加快城市大型商贸流通主体培育

坚持集群化和产业链招商，强力推进与世界500强、中国500强、行业500强商贸企业及中央直属企业战略合作，努力引进对城乡商贸统筹带动性强、支撑作用大的企业。支持三区县优势商贸企业通过参股控股、兼并收购、特许经营等方式实现跨地区、跨所有制、跨企业集团发展，实现强强联合，打造一批对农村商贸具有较大辐射力的大型商贸流通主体。

7.3.3 依托城市商贸主体，加快农村商贸主体培育

一是加快发展农业合作社。加强对三区县农业合作社支持政策，鼓励农业合作社为主体参加农业产品展会，为其提供会展信息和参展摊位费用补贴；鼓励农业合作社注册农产品商标，参照"一村一品"工程，开展"一社一品"工程，加强农业合作社在农产品生产和流通中的组织能力。二是推进大型农资企业、大型连锁超市等企业网点向农村延伸，在农村地区建立多层级的商贸网络体系。三是恢复供销社的流通职能。继续深化三区县农村供销社改革力度，推广先进地区经验，通过重组和企业化改革，充分利用现有网点及合作社的品牌效应，重新成为农村商贸流通主体的重要组成部分。四是培育壮大农产品流通经纪人、经纪公司、农产品运销专业户和农村各类流通中介组织，引导农民合作社、家庭农场、专业大户的经营活动向加工、流通领域拓展延伸。五是鼓励运销大户向企业化方向发展，逐步培育批发、运销联合体。

7.3.4 优化政策环境，培育多元化农村电子商务市场主体

从重庆市市级层面优化区域性电商农产品扶持政策，设立农产品电商产业发展扶持基金，重点支持农产品电商平台建设。加大政策性银行对农产品电商相关市场主体的信贷投入，通过担保金补贴等方式鼓励各类金融机构创新开发针对农产品电商经营者的金融产品。争取国家相关部委支持，创办一年一度的

"中国（重庆）山地农产品电商博览会"暨"中国（重庆）农产品电商产业发展论坛"，在主流媒体开展"万开云"板块本土农产品电商平台宣传周活动。支持本土农产品电商平台企业和平台入驻商户通过注册商标、开展品牌推介活动、参与知名品牌评选认证等方式积极创建品牌。

7.4 建设城乡商贸统筹发展的设施

7.4.1 建设基础设施

按照"统筹规划、适度超前、互惠互补、协调推进、畅通便捷"原则，提升以交通为重点的基础设施共建共享、互联互通水平，增强区域商贸一体化协同发展支撑能力。

首先，加快构建快速通道连接网络。加快推进"三组团"快联工程，构建万州、开县、云阳城区组团之间的骨干快速通道，加快推进万州周家坝—开县浦里快速通道建设，加快万州—云阳江南快速通道、开县—云阳小江快速通道、万州—云阳滨江快速通道前期论证工作，适时启动三地城际轨道的规划论证。围绕三区县骨干快速通道，加快支线连接道路建设，完善城区道路便捷网络，形成紧密连接、快速联通的道路交通网络。在此基础上，依托 G542、S103 等 15 条普通国省道干线公路的改造升级，在三区县乡镇之间加快形成便捷连线，全面提升"万开云"板块城乡交通便捷度。

其次，加快旅游配套基础设施建设。以高峡平湖国际旅游度假区等为核心，重点支持万州区完善旅游综合设施建设，加快建设三峡库区对外旅游枢纽和渝东北生态涵养发展区的主要旅游集散地。围绕旅游精品线路，完善景区连接主干道，打通"断头路"，共建旅游码头，力争"十三五"期间实现"城景通、景景通"。加强重点景区水电气、自驾车露营地、便民商业等服务设施建设，完善旅游线路标识、旅游汽车租赁维修、沿线旅游信息化服务系统等配套服务设施。

7.4.2 建设商业设施

加强三区县商业规划布局的战略性合作，改造升级万州区高笋塘、开县新世纪、云阳县中环路等核心商圈，加快三区县高铁站商务区等商业综合体和商贸集聚区建设，充分发挥这些商贸平台对区域内乡镇的辐射带动作用。结合城区拓展，规划建设滨江环湖商贸旅游带及新兴商业中心，推动商旅互动发展。优化商业结构，合理布局业态业种，提升消费档次。进一步提升专业市场群的规模和档次，做大做强消费品专业市场、生产资料市场、农产品专业市场及特种行业市场。规划建设集商品交易、物流快递、配套服务等于一体的电子商务产业园区，积极推动电子商务产业链建设，推进电子商务普及应用，加快电子商务配套体系建设。围绕万州区万州大瀑布、高峡平湖、长滩温泉、开州区雪宝山、汉丰湖、云阳县龙缸、三峡梯城等精品旅游线路。建设一批旅游产业集聚区、旅游度假区、特色旅游小镇和村寨，发展一批住宿餐饮设施。

7.4.3 建设服务设施

一是着力建设物流园区。重点支持万州区建设新田港口物流园、天城董家市场物流园和三峡库区农产品物流配送中心，以及航空第三方物流、快递物流、保税物流、冷链物流，建设区域性大宗商品和重要原材料物流集散基地。开县重点建设万州经济技术开发区 B 区物流园、白家溪港口物流园和城区日用百货、大宗商品生活物流园区。云阳县重点建设翻坝物流中心、黄岭综合物流园。

二是加快构建金融服务平台。在万州区规划建设市级金融商务区和金融产业服务园，大力吸引各类银行、保险、证券、期货、投资基金、金融租赁等金融机构入驻集聚，提升城区金融综合服务能力，扶持地方金融机构发展。鼓励设在万州区的金融机构延伸至开县、云阳县开展资产业务和结算业务。开展农村金融创新试点，培育多元化农村金融机构，探索发展新型农村资金互助组织。积极开展农业保险、小额保险和贷款担保业务。

三是重点打造农产品生产加工基地。立足现有优势农产品基础，顺应目标消费者市场需求，加快发展特色效益农业，围绕具有比较优势的柑橘、柠檬产业、水产品产业、中药材产业、生猪及草食牲畜、粮油产业等，联合创建农产品生产加工基地，打造国家现代农业示范园区，引导农产品就地加工，食品集中入园加工，实现种植养殖—下游加工—销售服务互相促进的全产业链一体化发展。

7.5 培养城乡商贸统筹发展的人才

加快"万开云"板块城乡商贸一体化统筹发展，应着力构建城乡尤其是农村商贸流通发展的人才队伍支撑与保障体系。

7.5.1 建立健全人才发展机制

建立商贸人才培养管理机制。探索建立"万开云"板块城乡商贸"政府主导、部门协作、统筹安排、产业带动"的人才培训机制，探索政府购买服务等办法，发挥企业培训主体作用，提高农民工技能培训的针对性和实效性。

建立健全商贸人才培养机制。深入实施"五大功能区域人才发展"等人才计划和"互联网+人才聚集"等人才专项，培养聚集"万开云"板块城乡商贸发展急需紧缺人才。加强劳动力技能培训，创新商贸技能人才培养模式，推进"万开云"板块城乡商贸企业新型学徒制试点，培育一大批适应城乡商贸产业发展需求的高素质实用型技能型人才。

完善商贸人才引进机制。优化引才引智环境，大力吸引海内外高层次商贸创新人才来"万开云"板块就业，重点围绕战略性商贸产业发展方向，引进高层次专家。鼓励和引导外出人才回流，完善返乡人才激励政策。

创新商贸人才培养激励机制。创新商贸技术、技能要素参与收益分配的形式，探索商贸人才期权股权激励方式。

优化商贸人才培养保障机制。完善科学、公平、公正的商贸人才评价体制。完善商贸业职业技能鉴定、商贸企业技能人才评价和院校职业资格认证相结合的技能人才多元化评价体系。大力表彰和广泛宣传"万开云"板块优秀商贸人才的先进事迹，形成见贤思齐、奋发努力的良好氛围。

建立商贸人才流动机制。清除"万开云"板块人才流动障碍，提高板块内外横向和纵向人才流动性。

7.5.2 推进人才队伍培养与建设

立足于"万开云"板块城乡商贸统筹一体化发展实际，三区县政府相关部门应协同制订城乡商贸人才培养行动计划，积极开展城乡商贸流通人才技能培训。

政府搭建商贸人力资源培训与管理平台，根据商贸发展状况综合展开人力资源的开发、配置、使用、保障奖励和优惠措施，从制度和设施层面保障人才队伍的培养。

统筹区县职教中心商贸专业教育发展，支持各类职业培训中心设置商贸就业岗位培训。加强商贸从业人员的从业资质、分级定岗、激励惩罚等制度建设，全面提升交通运输、住宿餐饮等一线商贸从业人员的职业道德和职业化水平，整体提升商贸人才的综合素质。

对龙头企业管理人员、超市店长、农家店负责人开展免费实用技能培训，尤其是加强对农家店从业人员的业务培训，培训内容可以包括进货理货、销售服务、商品知识和识别假冒伪劣商品技能等。通过培训使村级商贸综合服务网点的从业人员掌握相关知识，了解连锁经营的内容和业态，不断提高经营管理水平。

对大农村合作经济组织带头人、农业经纪人及从事商贸流通行业的农民个体户，进行免费实用技能培训，壮大农村贩运力量。

提升"万村千乡"超市和农家店服务功能质量。支持开展行业技能竞赛、服务创新大赛等活动，支持培育商贸服务业大师、名师。

8 "万开云"板块城乡商贸统筹一体化发展的机制

8.1 建立一体化组织领导机制

8.1.1 建立分层联动协调机制

坚持和完善市领导牵头、市级相关部门和三区县政府参与的"万开云"板块一体化协同发展市级联席会议制度，统筹协调、整体推进、督促落实年度重大商贸事项。坚持和完善三区县共同参与、轮流召集的区县联席会议，沟通协商重大商贸项目、商贸政策和重要商贸事项。坚持和完善三区县部门定期交流对接机制，每年定期召开会议，制定并实施具体商贸专项合作计划并协调督促落实。坚持和滚动实施"万开云"板块一体化协同发展年度重大商贸事项和重大商贸项目，将各项目标任务分解到区县，明确各项目牵头单位责任领导、责任人及进度要求，加强督促检查，确保规划确定的目标任务圆满完成。

8.1.2 强化一体化发展战略引导

注重"万开云"板块商贸流通业发展的区域协作，弱化行政界限。结合

"万开云"板块一体化发展方案制定商贸流通业一体化发展的引导策略和政策框架，加强对各区县城乡商贸流通业发展的战略指引，明确各区县城乡商贸流通业发展的产业导向、空间布局、产业体系、物流网络及商贸基础设施等的协调要求，突出协同化和差异化，协调公共资源、公共服务和公共财政，协同年度实施计划。

8.2 建立一体化协调发展机制

8.2.1 创新一体化合作机制

推进"万开云"板块一体化协同发展规划的实施，加强"万开云"板块商贸流通业发展共同政策的研究与衔接，定期进行"万开云"板块商贸流通规划、政策及重大合作项目的协调。加强商贸基础设施一体化的投入和管理机制、合作产业园的税收与核算机制等方面的政策研究。

8.2.2 探索利益共享机制

加快"万开云"板块一体化利益共创共享机制建设，使各区县共享商贸一体化发展成果。探索建立"万开云"板块经济利益分享和补偿机制，完善政策协调机制，加强在财政税收、土地利用、人才流动、社会保障等方面的统筹规划协调，建立互惠互利、合作共赢的利益分享机制，形成发展合力，实现"万开云"板块利益最大化和各区县利益的公平分享。

8.2.3 完善要素流动机制

人流、物流、资金流的畅通流动是"万开云"板块商贸流通业一体化发展的基础。突破体制障碍，建立要素流动机制，充分发挥市场配置资源的决定性作用，实现"万开云"板块内资金、技术、人才等要素的自由流动，将资源配置到有较好发展条件和发展价值的区县，实现区域内要素的优化配置。

8.2.4 建立统一市场机制

探索建立统一的商贸企业市场准入和市场监管制度,促进各区县商贸市场主体登记注册协同。探索建立商贸企业信用信息互通互享机制,实现各区县商贸信用信息平台建设、信用信息采集、信息共享使用、惩戒联动协同。支持各区县优势商贸企业跨地区、跨所有制、跨企业集团强强联合,打造一批具有比较优势和核心竞争力的商贸企业集团。

8.3 建立一体化规划管理机制

8.3.1 严格规划管理制度

加强规划法规体系建设,完善"万开云"板块城乡商贸一体化规划管理的技术标准。明确各规划管理部门的管理范围和责任,建立责权明确的规划管理体系。建立规划与建设反馈机制,实施规划动态管理。

8.3.2 协调规划管理机制

加强"万开云"板块城乡商贸发展规划的综合协调,建立与各区县资源、环境、商贸协作、空间布局等相适应的规划管理协调机制。加强与城乡规划、发展改革、土地管理、建设管理等部门的联动机制,形成商贸流通发展与城乡规划、国民经济和社会发展规划、土地利用总体规划互动一体的发展调控机制。

8.3.3 建设规划管理平台

适应"万开云"板块整体协调发展要求,建设"万开云"板块城乡商贸发展规划信息平台,通过规划合作,加强规划信息共享,实现"万开云"板块商贸流通产业的共同规划管理。通过采集"万开云"板块各区县商贸流通发展规划信息、统一规划信息标准、多途径共享等方式,使各区县以共同的规划信息平台为基础,按照"万开云"板块商贸流通一体化发展的共同目标,遵循协调发展的思路，组织相关规划编制工作。通过规划信息共享，为更好地实现"万开云"板块城乡商贸一体化规划管理工作提供保障。

8.4 建立一体化产业协作机制

8.4.1 加强商贸流通业政策对接

按照产业布局与分工，通过产业规划、政策引导，共同制定商贸产业跨行政区域转移、收益分配的具体办法，促进商贸产业在"万开云"板块空间合理布局，促进产业分工、产业链延长。提升商贸产业承载平台，鼓励探索跨区域联合开发、委托战略投资者成片开发、共建产业园（基地）等多元开发机制。

8.4.2 强化商贸流通业功能互补

"万开云"板块内各区县商贸流通业发展存在较大的差异性，根据各区县商贸流通业的发展基础及比较优势，引导人口和产业合理布局，形成区域特色鲜明、分工协同一体的商贸流通一体化发展格局。细化"万开云"板块内各区县的商贸功能定位，万州区重点发展高端商贸、商务、生产性服务、现代物流等现代商贸服务业，开州区和云阳县立足于满足本区域居民的生活生产需求，结合本地旅游资源优势，大力发展与旅游业配套的旅游商业，在实现"万开云"板块内各区县商贸流通业功能互补与合作的同时，促进各区县商贸流通业的快速发展。

8.4.3 完善商贸流通业规划布局

加强商贸流通业规划布局的战略性合作，形成"万开云"板块商业集聚带，建设辐射渝东北、鄂西、陕南、川东北的区域性商贸中心。改造升级万州区高笋塘、开洲区新世纪、云阳县中环路等核心商圈，加快各区县商业综合体和商贸集聚区建设。结合城区拓展，规划建设滨江环湖商贸旅游带以及新兴商业中心，推动商旅互动发展。优化商业结构，合理布局业态业种，提升消费档次。鼓励发展以金融服务、呼叫中心、数据录入等为主的技术性业务流程外包服务。

进一步提升专业市场群的规模和档次，做大做强消费品专业市场、生产资料市场、农产品专业市场及特种行业市场。规划建设集商品交易、物流快递、配套服务等于一体的电子商务产业园区，积极推动电子商务产业链建设，推进电子商务普及应用，加快电子商务配套体系建设。

8.4.4　加大商贸流通招商引资力度

逐步统一土地利用政策、税费优惠、招商服务标准，共同开展招商引资，互通招商信息，共享招商资源，积极开展市场化招商。围绕主导和特色商贸产业，明确主攻方向，精心选择、包装、储备一批优势商贸项目，共同开展专题招商引资。坚持集群化和产业链招商，强力推进与世界500强、中国500强、行业500强商贸企业战略合作，努力引进带动性强、支撑作用大的项目，增强招商引资的针对性和实效性。建立招商引资利益导向机制，制定激励政策，引导社会力量参与招商引资活动，力争更多商贸产业项目落地。

8.5　建立一体化政策扶持机制

8.5.1　加强财政扶持力度

支持万州区、开州区和云阳县财政出资和引入社会资本，共同设立的"万开云"一体化协同发展基金，重点用于区域利益调节、跨区域重大商贸项目建设，市财政局应加强对基金设立和运作方面的指导。合理核定并保持适度地方债务规模。在重大商贸基础设施项目规划布局、审批核准、资金安排等方面给予优先支持。积极协调中国长江三峡集团公司设立重庆库区产业引导股权投资基金，滚动支持"万开云"板块及重庆库区产业发展。建立"万开云"板块民间投资信息发布机制，进一步畅通民间投资进入重点行业领域的途径和渠道。

8.5.2　加强政策支持力度

开展"万开云"板块商贸流通业一体化发展配套政策体系专项评估，推动政策制度化，在土地、人才引进、产业发展、金融财税等方面制定促进"万开云"板块商贸流通业一体化发展的系列优惠政策及措施,加强各项政策、规划、措施的统筹协调和有效衔接。细化各项政策措施,加大对重大项目、重点工程建设的支持力度。

8.5.3 实施税收减免政策

允许个体工商户加盟农村商贸网点建设三年内不改变交税方式和数额,全面激发农村商贸流通的内在活力;对农业产业化龙头企业、种养大户,在销售鲜活农产品时,参照执行农民专业合作社税收优惠政策,并允许独立开具农产品收购专用发票;对纳入"农商对接"试点的超市、农业产业化龙头企业、农民专业合作社、种养大户,享受西部大开发所得税减按15%征收的优惠政策。

8.5.4 加大金融支持力度

金融机构应将农产品规模化生产经济组织、大型农产品流通市场、超市等列入优先支持对象,适当放宽放贷条件,增加授信总量;保险金融机构应加强县以下服务网点建设,积极探索与龙头企业、基层服务机构合作发展农业保险;探索建立担保基金、担保公司,解决农产品生产、流通融资难问题。拓宽投融资渠道,积极争取国家开发政策资金支持城乡商贸统筹发展,重点支持三区县大型流通企业在农村建设的具有带动效应的商贸流通产业建设项目;引导商业银行对影响效应大、示范性强的城乡商贸统筹发展重点项目加大信贷支持力度,优先安排贷款资金,加强对三区县农村商贸流通网络建设发展小额信贷的支持,促进银企合作;通过政策杠杆引导社会资金加大对农村商业网络体系建设的投入。

参 考 文 献

安虎森，等.2008. 新区域经济学. 大连：东北财经大学出版社.
白志刚. 2014. 供销合作社要把握农村商品管理与物流配送的主导权——对继续推进农村流通现代化的调研与思考. 中国合作经济，(2)：41-43.
贝尔 D. 1997. 后工业社会的来临：对社会预测的一项探索. 北京：新华出版社.
曹金栋，杨忠于. 2005. 关于流通业战略性地位的理论探讨及对策分析. 经济问题探索，(2)：108-109.
曹萍. 2011. 西部欠发达地区统筹城乡发展的推进机制——基于甘肃省正宁县的调研. 农村经济，(12)：63-66.
曹扬，于峰，康艺凡. 2011. 基于整合 AHP/DEA 方法的城乡统筹评价. 统计与决策，(24)：58-60.
曾明德. 2001. 重庆"移民经济"研究. 重庆：重庆出版社.
曾庆均. 2001. 重庆商贸发展研究. 重庆：重庆出版社.
曾庆均. 2010. 三峡库区服务业发展研究. 重庆：重庆出版社.
曾庆均. 2015. 商品交易市场发展论. 成都：西南财经大学出版社.
曾庆均，等. 2014. 城乡商贸统筹发展研究，北京：科学出版社.
曾庆均，孙畅，张驰，等. 2016. 长江上游商贸物流中心研究——基于重庆的视角. 北京：科学出版社.
陈海燕，等. 2016. 三峡库区发展概论. 北京：科学出版社.
陈文科，宋伟，庹忠辉. 2011. 构建统筹城乡发展长效机制的几个问题——以湖北省为案例的研究. 农业经济问题，(7)：10-15.
陈星宇，任保平，喻文. 2011. 构建城乡统筹视角下的城乡双向流动商贸服务体系. 广东财经大学学报，(4)：12-18.
杜茂华，陈国生. 2010. 基于因子分析法的重庆市城乡统筹发展评价. 统计与决策，(7)：98-100.
高煜. 2011. 以农产品流通组织的创新推动城乡商贸统筹. 西北大学学报（哲学社会科学版），(3)：13-15.
郭冬乐，宋则. 2000. 中国商业理论前沿. 北京：社会科学文献出版社.
郝向红. 2007. 制约我国流通现代化的主要因素及对策. 中国合作经济，(4)：59-60.
何大安. 2014. 流通产业组织理论的构建思路及框架设计. 商业经济研究，(19)：103-113.
洪涛. 2007. 流通产业经济学. 北京：经济管理出版社.
黄国雄. 2005. 论流通产业是基础产业. 财贸经济，(4)：61-65.
黄国雄，曹厚昌. 1997. 现代商学通论. 北京：人民日报出版社.
贾履让，张立中. 1998. 中国流通产业及其运行. 北京：中国物资出版社.
姜太碧. 2008. 二元经济结构理论与我国城乡二元经济结构改造. 改革与战略，(11)：7-10.
姜作培. 2003. 制度创新是城乡统筹发展的关键. 上海农村经济，(8)：4-6.
蒋华江，宋瑛. 2009. 城乡统筹视角下重庆农村商贸体系的构建. 商业经济研究，(32)：121-122.
焦伟侠，陈俚君. 2004. 关于统筹城乡经济协调发展的思考. 经济体制改革，(1)：37-40.
课题组. 2008. 浙江省流通服务业影响力研究. 财贸经济，(2)：85-91.

库兹涅茨 S. 1985. 各国的经济增长. 常勋, 等译. 北京：商务印书馆.
李保民, 孙剑. 2003. 推进我国流通现代化的若干建议. 中国流通经济, (4)：9-12.
李飞. 2003. 商品流通现代化内涵的探讨. 北京工商大学学报（社会科学版）. (5)：1-6.
李飞, 刘明葳. 2005. 中国商品流通现代化的评价指标体系研究. 清华大学学报（哲学社会科学版），(3)：12-17.
李洁, 黄应绘. 2013. 基于综合评价法的重庆市统筹城乡发展研究. 重庆工商大学学报（自然科学版），(11)：19-24.
李禹阶. 2013. 重庆移民史. 北京：中国社会科学出版社.
李志玲. 2005. 流通产业竞争力评价体系初探. 商讯商业经济文荟, (2)：16-20.
梁云. 2009. 城乡商贸统筹发展模式及实践. 商业研究, (8)：205-208.
林凌. 2007. 统筹城乡发展的重大举措. 经济体制改革, (5)：30-33.
林文益. 1995. 贸易经济学. 北京：中国财政经济出版社.
刘根荣. 2014. 基于全局主成分分析法的中国流通产业区域竞争力研究. 中国经济问题, (3)：79-89.
刘根荣, 付煜. 2011. 中国流通产业区域竞争力评价——基于因子分析. 商业经济与管理, (1)：11-18.
刘国光. 1999. 推进流通改革 加快流通业从末端行业向先导性行业转化. 商业经济研究, (1)：9-11.
刘凯, 俞富强. 2012. 改善农村消费视角下城乡商贸统筹的发展模式探讨. 江苏商论, (11)：6-10.
刘杨. 2015. 城乡商贸统筹与商贸流通业转型升级新思路. 商业经济研究, (7)：15-16.
陆江. 2009. 大力发展现代物流 提升流通现代化水平. 中国流通经济, (6)：17-18.
马龙龙, 刘普合. 2009. 中国城市流通竞争力报告 2008. 北京：中国经济出版社.
马骁. 2008. 统筹城乡发展的内涵与财政政策选择. 财经科学, (12)：7-9.
冉净斐. 2005. 流通战略产业论. 商业经济与管理, (6)：10-15.
塞尼 M. 1996. 移民与发展. 南京：河海大学出版社.
塞尼 M. 1998. 移民·重建·发展. 南京：河海大学出版社.
宋明岷. 2011. 新型农村社会养老保险制度筹资机制研究. 农村经济, (2)：86-91.
宋则. 2003. 新世纪新主题：流通现代化——促进流通创新提高流通效能政策研究. 商业研究, (9)：1-9.
宋则, 张弘. 2003. 中国流通现代化评价指标体系研究. 商业经济研究, (11)：2-3.
汤向俊, 任保平. 2011. 统筹城乡商贸流通体系的约束条件及其路径选择. 商业经济研究, (10)：74-79.
王成荣. 2006. 流通现代化新论. 北京：中国经济出版社.
王军. 2014. 利用信息技术提升农村商品流通现代化水平——电子商务考察报告. 农业部管理干部学院学报，(4)：31-35.
王利蕊. 2013. 论新农村建设的制约因素及促进措施. 大连民族学院学报, (4)：431-433.
王先庆, 房永辉. 2007. 流通业成为"先导性产业"的约束条件和成长机制. 广东财经大学学报, (6)：25-28.
王晓玲. 2014. 构建统筹城乡医疗保障制度的机制创新——基于湛江实践的比较分析. 农业经济问题, (2)：95-101.
魏婕, 任保平. 2011. 西部地区城乡商贸流通一体化的模式选择及实现路径. 贵州社会科学, (5)：33-38.
吴根平. 2014. 统筹城乡发展视角下我国基本公共服务均等化研究. 农村经济, (2)：12-16.
吴华安. 2011. 城乡商贸统筹与我国商贸流通业转型升级的新思考——以重庆为例. 贵州财经大学学报, (2)：94-99.

吴先华，王志燕，雷刚. 2010. 城乡统筹发展水平评价——以山东省为例. 经济地理，（4）：596-601.
夏春玉. 2006. 流通、流通理论与流通经济学——关于流通经济理论（学）的研究方法与体系框架的构想. 财贸经济，（6）：32-37.
夏春玉，等. 2006. 流通概论. 大连：东北财经大学出版社.
夏春玉，丁涛. 2011. 流通理论在经济学中的回归：一个学说史的考察. 商业经济与管理，（8）：5-13.
夏春玉，瞿春玲，李飞. 2010. 中国商品流通现代化研究综述.现代商贸评论，（9）：5-11.
熊建立. 2010. 三峡库区产业发展研究，成都：四川大学出版社.
徐从才. 2006. 流通经济学：过程、组织、政策. 北京：中国人民大学出版社.
徐从才，丁宁. 2013. 贸易经济学的理论内核与知识体系——基于科学研究纲领的分析. 商业经济与管理，（6）：15-21.
徐静珍，王富强. 2004. 统筹城乡发展目标及其评价指标体系的建立原则. 经济论坛，（15）：91-92.
晏维龙. 2002. 流通革命与我国流通产业的结构变动. 财贸经济，（10）：36-41.
晏维龙. 2009. 马克思主义流通理论当代视界与发展. 北京：中国人民大学出版社.
杨国中. 2007. 三峡区产业发展重大经济政策研究. 重庆：重庆大学出版社.
杨圣明，王诚庆. 1995. 论第五个现代化——流通现代化. 中国社会科学院研究生院学报，（2）：7-14.
杨亚平，王先庆. 2005. 区域流通产业竞争力指标体系设计及测算初探. 商讯商业经济文荟，（1）：2-6.
杨宜苗. 2006. 试论流通产业的贡献. 财贸经济，（7）：16-22.
易开刚. 2006. 我国农村现代化商贸流通体系的构建. 商业经济与管理，（12）：18-21.
于善波. 2010. 黑龙江省统筹城乡发展的动力机制与路径选择研究. 农业经济，（1）：31-33.
岳牡娟，孙敬水. 2009. 流通产业竞争力研究——以浙江省为例. 江苏商论，（9）：23-25.
张宝欣. 1999. 开发性移民理论与实践. 北京：中国三峡出版社.
张果，曾永明，王群. 2014. 统筹城乡可持续发展动力机制研究——以宜宾市南溪区为例. 四川师范大学学报自然科学版，（2）：259-267.
张秋. 2011. 对欠发达山区推进统筹城乡发展的思考与对策. 新西部旬刊，（9）：19.
张如意，张鸿. 2011. 城乡统筹视角下农村商贸流通主体的培育. 商业经济与管理，（10）：27-32.
张绪昌，丁俊发. 1995. 流通经济学. 北京：人民出版社.
赵璟，郭海星，党兴华. 2015. 区域城乡统筹发展评价与时空分析. 统计与决策，（9）：102-105.
中国科学院国情分析研究小组. 1994. 城市与乡村——中国城乡矛盾与协调发展研究. 北京：科学出版社.
周万钧，干勤. 2001. 城乡一体化与商贸发展战略研究. 重庆：重庆出版社.
朱楠，任保平. 2012. 城乡统筹视角下双向流动商贸流通体系中的信用体系构建. 中央财经大学学报，（3）：28-33.
邹璇. 2015. 中国城乡商贸统筹能力地域分异性研究——基于省级层面的实证分析. 软科学，（1）：92-95.
Bhagwati J N.1984.Why are services cheaper in the poor countries?Economic Journal,(374)：279-286.
Christaller W.1933.Die zentralen Orte in Süddeutschland： Eine ökonemisch-geographische Untersuchung über die Gesetzmassigkeit der Verbreitung und Eniwicklung der Siedlungen mit städtischen Funktionen. Gustav Fischer.
Clark C.1957. The Conditions of Economic Progress. London: Macmillan and Co ltd.
Coffey W J,Mcrae J J,Polèse M. 1990.Service industries in regional development. Canadian Public Policy,(4)：465.
Daniels J D.1989.Organizing the multinational enterprise：an information-processing perspective, by William G.

Egelhoff.Journal of International Business Studies,(3)：566-569.

Grubel H G,Walker M A.1989.Service industry growth：Causes and effects. Vancouver：The Fraser Institute.

Keeble D, Wilkinson F.2000.High-technology clusters, networking and collective learning in Europe.Ashgate, 42(1)：192-194.

Markusen J R. 1989.Trade in producer services and in other specialized intermediate inputs.American Economic Review,(1)：85-95.

Riddle.1986.Service-Led Growth by Dorothy I.New York：Praeger.

Sassen S.1994.Cities in a World Economy. Sage：Thousand Oaks.

Shelp R.1984.Service Industries and Economic Development.New York：Praeger.

后　记

在编辑和长江上游经济研究中心同志们的一再催促下,《三峡库区城乡商贸统筹研究——以"万开云"板块为例》一书总算完成了,虽然不是十分理想,与初衷有点差异,但总算了了个事。感谢重庆市统计局副局长秦瑶女士及同事们(万州、开县、云阳统计局的负责同志)的支持!没有秦局长及同事们的支持,就不可能有资料的完整获取,当然就不可能完成书稿的写作了。

因地缘人缘的关系,三峡库区腹心地域万州、开县、云阳俗称为"库三角"。2000年夏天,为完成主持承担的重庆市移民科技课题"三峡库区商贸企业搬迁问题与对策研究",我走访调研了万州、云阳等区县。从此,与三峡库区结下了不解之缘。随后每年都会到库区走一走看一看,几乎涉足了库区所有区县,对库区有感情有感悟。2003年开始,先后受三地商务部门邀请主持了三地10多项关于商贸流通、商业网点、城市商圈、会展经济、开放经济等方面的规划研究。对三地有较深的了解和认识,也在一定时期一定程度了见证了三峡库区的变迁与发展。因此,2014年年底,教育部人文社科重点研究基地长江上游经济研究中心常务副主任文传浩教授邀请参加"三峡库区可持续发展研究丛书"的写作,直接就报了"库三角"商贸流通发展的选题。还未成稿,《"万开云"板块一体化协同发展规划(2016－2020年)》正式发布,最后书名之副标题就采用了"以'万开云'板块为例"。

本书是我们共同的成果。若本书有值得肯定的地方,属大家共同享有;若有不当之处,由我本人负责。

三地商务部门的同志们在前期提供了许多帮助;在写作过程中,参阅吸收了国内外的有关研究成果。在此,深表谢忱!

本书仅仅是我们以"万开云"板块为例,讨论三峡库区城乡商贸统筹发展问题,也仅仅是一个阶段性成果,还有许多问题值得深入探究。学无止境,热情欢迎学界前辈和同仁批评指正。

曾庆均

写于 2017 年 2 月 16 日